Hula, Engel und Hawaii

Gabriele Kalehua Streuer

Hula, Engel und Hawaii

Eine wundersame, spirituelle Reise in das Südsee-Paradies Hawaii

Gabriele Streuer Verlag

HULA, ENGEL UND HAWAII

1. Auflage 2002, Deutsche Erstausgabe
Gabriele Streuer Verlag, Bergheim

Umschlaggestaltung und Fotos: Wolfgang T. Müller
Herstellung: Books on Demand GmbH, Norderstedt
ISBN 3-8311-4555-5
Printed in Germany

www.hawaiian-hula.com
www.streuer-verlag.com

Dieses Buch ist von wahren Erfahrungen inspiriert.

Aus Rücksicht auf Freunde, die aus Bescheidenheit heraus nicht genannt werden wollen, habe ich mir erlaubt, einige Details auszulassen.

Dies ist ein Buch für all diejenigen, die wie ich auf dem Weg sind, immer mehr aus ihrer Mitte heraus zu leben und auf ihre innere Stimme zu hören.

Es ist vollgespickt mit Eindrücken rund um den Hula-Tanz, das Schwimmen mit freilebenden Delfinen und die Kultur und Lebensart auf Hawaii, wie Sie diese keinem Reiseführer entnehmen können.

Eingebunden in aufregende Reiseerlebnisse, geht es auch um meine Auseinandersetzung mit den Themen Liebe, Angst und "Loslassen können". Nicht zuletzt zeige ich auf, wie ich es schaffte, endlich für meine Berufung und für die Stimme meines Herzens frei zu sein.

Kurzum, es geht um das bisher ereignisreichste Jahr meines Lebens.

Dieses Buch widme ich in Liebe meinem Mann Wolfgang, meinen Eltern und meiner Freundin Petra, allen meinen Freunden auf Hawaii, sowie den Engeln, die mich auf meinem Weg begleiten und inspirieren.

Gabriele Kalehua Streuer

Inhaltsverzeichnis

Lebe Deinen Traum!

Seit der Bekanntschaft mit Miriam, der wunderbaren brasilianischen Samba-Tanzlehrerin, ist mir klar, dass es meine Berufung ist, zu tanzen und dass ich es jetzt endlich auch tun **muss**. Die Sehnsucht tief in mir ist zu groß, als dass ich mich länger aus rationalen Gründen (zu alt, zu pummelig, wie soll ich davon leben können...) dagegen wehren könnte.

Und: Ich weiß nicht, ob ich davon leben kann, aber ich werde **durch das Tanzen leben** – alleine das ist entscheidend!

Nie werde ich die eindringlichen Worte von Miriam vergessen:

"Wenn Du jung bleiben willst, dann tanze! Es ist egal, welche Form des Tanzens Du wählst, aber tanze, tanze, tanze!"

Überall, wo Musik aus den Lautsprechern kam, hüpfte ich schon als kleines Mädchen mit wachsender Begeisterung und oft stundenlang herum.

An dieser Leidenschaft hat sich bis heute nichts geändert.

Ich liebe fast alle Formen des Tanzes.

Besonders aus der Seele spricht mir jedoch der mystische Hula-Tanz, seit ich diesen auf Hawaii zum ersten Male tanzen durfte.

Ich bin sicher: Zum Hula nach Hawaii wurde ich von meinen Engeln geführt. Es gab eine ganze Serie von wunderbaren Fügungen, die mein Leben unglaublich bereichert haben.

Seit ich meiner "inneren Stimme" folge, ist mein Leben "im Fluss". Es ist leicht in einer Art und Weise, die mir bisher fremd war, da ich bis dahin meine beruflichen Erfolge hart "erkämpfen" musste.

Alles fing damit an, dass ich an einer Supermarktkasse stand. Ich hatte mich in eine beachtliche Warteschlange hinten eingereiht. Als ich mich also wartend umschaute, fiel mein Blick auf das Regal mit den Zeitschriften.

Eine Zeitung, die ich sonst nie las, zog meine Aufmerksamkeit magisch an. Nicht, dass das Aufmacher-Foto oder eine Schlagzeile auf der Titelseite mich besonders interessiert hätte. Nein! Irgendeine drängende Stimme in mir sagte, dass ich diese Zeitschrift kaufen solle. Nachdem sich auch mein Verstand noch einmal kurz eingeschaltet hatte und grünes Licht für dieses Unterfangen gab, da der Kaufpreis recht gering war, landete die entsprechende Zeitschrift in meinem Einkaufswagen.

Als ich Zuhause angekommen war und die erworbenen Lebensmittel verstaut hatte, kochte ich mir eine Tasse Tee. Dann nahm ich meine neue Zeitschrift zur Hand und begann darin zu blättern. Es musste einen Grund geben, warum ich sie unbedingt kaufen sollte. Meine Neugierde war erwacht.

Ich begann also zu lesen und stieß wenig später auf einen Artikel, der meine Aufmerksamkeit erweckte.

Es ging um "Schwimmen mit Delfinen auf Hawaii".

Zu der damaligen Zeit war ich selbständig tätig in meiner Vernunft-Geld-Firma, die aber keine wirkliche berufliche Erfüllung für mich darstellte. Meine Tätigkeit stellte nicht **die** Berufung, die Lebensaufgabe dar, nach der ich suchte. Noch immer wartete ich auf die Antwort auf meine fast schon verzweifelt in die Welt herausgeschrieene Frage: "Was ist die Tätigkeit, in der ich ganz ich Selbst bin, die keine Arbeit ist, sondern Freude, in der ich mich weiterentwickeln kann und die anderen Menschen Hilfe und /oder Freude bringt, welche die Quelle ist, aus der ich meine Kraft schöpfen kann?"

Zahllose Seminare und Selbstfindungsgruppen hatte ich schon besucht, ohne eine klare Antwort zu finden.

Wo ist die Fee, die mir des Nachts erscheint und spricht:

"Mein Kind, du hast einen Wunsch frei!" und ich antworte:

"Liebe Fee, sage mir, was ist meine Berufung?" Und die Fee erwidert... tja, das wusste ich ja eben nicht!

Phasenweise war ich deshalb regelrecht verzweifelt. Aber ich wusste: wenn ich weiter suche und mit dem Herzen sehe, werde ich eines Tages die Antwort finden und es wird noch nicht zu spät sein für meinen Traum, meine Lebensaufgabe.

Ich las also diesen Artikel über "Schwimmen mit Delfinen auf Hawaii" und mein Herz raste wie wild. Ich war so seltsam berührt von dem Text, den ich las, und den Fotos, die ich sah.

Als ein in den Tiefen meiner Psyche vernünftiger Mensch (das Wort vernünftig kommt mir heute so unvernünftig vor, denn mir scheint, es ist besser auf den Ruf des Herzens zu hören und weniger auf die Vernunft) holte mich der dort abgedruckte Preis für ein "Dolphin-Retreat" dann aber kurzfristig auf den Boden der Tatsachen zurück. Nicht, dass das erforderliche Geld nicht auf meinem Konto geschlummert hätte, aber man weiß ja nie, was noch kommt: Renten-Versorgungslücke, Rezession, unvorhergesehene Unglücksfälle ....

Ich hob den Artikel also auf und beschloss später bei einem besonderen Anlass meinem Partner Wolfgang und mir diese Reise zu gönnen.

Aber die Engelchen sind hartnäckig und wenn ihr Schützling nicht versteht, dass er sich diese Reise genau **jetzt** gönnen soll, dann werden sie eben deutlicher.

So schickten sie mir in Serie mehrere Träume, in denen ich mit Delfinen schwimme und ein unendliches Glück dabei verspüre.

Nach einigen Tagen hatten sie mich "weichgekocht".

Also kramte ich meine verstaubten Englischkenntnisse heraus und schrieb an die Email-Adresse auf Hawaii, dass Wolfgang und ich interessiert sind an dem Retreat und dass wir um weitere Informationen bitten (ist ja ganz unverbindlich – ich kann ja immer noch entscheiden, die Kosten des Retreats lieber für die Rente zu sparen oder für meinen 95. Geburtstag!).

Jedenfalls führte das Absenden des Emails dazu, das in mir innerlich eine wunderbare Ruhe eintrat. Und so vergaß ich Hawaii und die Delfine für viele Wochen bis.... doch das kommt später.

Das Leben ging weiter. Ich arbeitete mit zunehmender Unlust in meiner Vernunft-Geld-Firma.

Ich ging mit unserem Rottweiler Buddy "Gassi" und manchmal auch joggen, ich putzte das Haus, kümmerte mich um den Garten und die Wäsche und so ging das etwa drei Wochen lang.

Dann verschafften sich die Engelchen erneut Gehör. Was ich da als zarte Botschaft vernahm war schon wieder eine Herausforderung für meinen Verstand:

"Heirate Wolfgang!"

Wie bitte?

"Sagt das noch mal! Ja, seid Ihr denn völlig verrückt geworden?"

Ich war gerade so stolz auf meine neuerworbenen esoterischen Kenntnisse, die mich, bzw. uns veranlassten, genau das **nicht** zu tun. Dass wir uns lieben, stand außer Frage. Dass wir zusammen einen spirituellen Weg gehen wollen, auch. Aber Heiraten ist wieder so etwas mit Vernunft, wegen Steuerersparnissen und so und hat diesen konservativen "Touch".

Außerdem wollten wir uns nicht für immer die Treue schwören, weil es ja sein kann, dass wir fühlen, dass unser gemeinsamer Weg irgendwann einfach abgeschlossen ist und jeder alleine weitergehen muss. Wir kamen uns mit dieser Erkenntnis so reif, ja geradezu weise vor.

Und jetzt diese Botschaft! Ich muss mich wohl verhört haben!

So schaltete ich meine Ohren auf taub. Ich arbeitete mit Hochdruck in der Vernunft-Geld-Firma, putzte, kochte, machte die Wäsche, rannte durch den Wald bis meinem Hund die Puste ausging. Aber die Engelchen sind hartnäckig.

Du brauchst nur einen Moment unachtsam zu sein und versehentlich zur Ruhe zu kommen.

Und das ist dann genau der Augenblick in dem sie dich wieder erreichen: "Heirate Wolfgang! Heirate Wolfgang!" Es war zum Verrückt werden.

Zu allem Übel verlief unsere Beziehung zu der Zeit auch noch so unglaublich harmonisch.

Ja, eigentlich war es so schön wie noch nie. Wie machen "die da oben" das bloß?

Und eines Tages, es war der 31. Mai, hatten sie mich dann soweit!

Wolfgang war einige Tage auf einer Messe und ich fühlte eine Sehnsucht wie noch nie zuvor.

Einige Abende alleine mit meinen Gefühlen und der immerwährenden Botschaft der Engel, ließen meinen Widerstand dahinschmelzen.

Das Dumme war, dass auch mein Herz mir sagte, dass ich irgendwie "ganz offiziell" zu Wolfgang gehören möchte.

"O.K. ich mache es! Ich mache Wolfgang einen Heiratsantrag, wenn er heute Abend nach Hause kommt. Aber "Ihr da Oben" seid dann endlich still!"

So stand ich also am Abend des 31. Mai mit klopfendem Herzen vor Wolfgang. Der Tisch war liebevoll gedeckt, Wolfgangs Lieblingsessen zubereitet, Kerzen erhellten den Raum, romantische Musik kam aus dem CD-Player und sogar unser Hund Buddy, der natürlich von mir eingeweiht worden war, machte ein ganz feierliches Gesicht.

So brachte ich dann einige Worte, die tief aus meinem Herzen kamen und schließlich das "Willst-Du-mich-heiraten?" über die Lippen.

Wolfgang sagte direkt: "Ja!". War da nicht ein feuchter Schimmer in seinen Augen?

Wie auch immer! In den nächsten Tag machten wir Pläne, wie und wann wir unsere Hochzeit ausrichten.

Wir stellten uns eine "klassische" Hochzeit vor mit Brautkleid, Kutsche und vielen Gästen.

Letztere bereiteten uns jedoch Kopfzerbrechen. Wolfgangs Familie würde, wenn überhaupt, nur aus "Pflichtgefühl" erscheinen, mutmaßten wir.

Meine engere Familie bestand derzeit lediglich aus meinen Eltern und meiner 96jährigen, an fortgeschrittenem Lungenkrebs leidenden Oma.

Unser Bekanntenkreis gestaltete sich auch gerade sehr "übersichtlich", da wir kurz zuvor aus einem Turniertanzverein und aus einem brasilianischen Samba-Musik-Verein ausgetreten waren. Da bewahrheitete sich wieder das Sprichwort: "Aus den Augen, aus dem Sinn!"

Der engste Freundeskreis ist in ganz Deutschland verteilt. Und ob die alle kommen könnten?

Schließlich gibt es kleine Kinder und berufliche Verpflichtungen.

Und gab es da unsererseits nicht auch berufliche Verpflichtungen, den einen oder anderen einzuladen, auf dessen Anwesenheit an diesem Tag wir nicht den allergrößten Wert legen würden?

Unsere anfängliche, überschäumende Euphorie wurde angesichts dieser Tatsachen etwas gebremst.

Was tun, sprach Zeus. So grübelten wir einige Tage vor uns hin, bis dann eines lauen Sommerabends im Juni etwas Entscheidendes passierte.

Wolfgang und ich saßen bei einem Glas Rotwein, vielleicht waren es auch zwei, auf unserer Terrasse und schauten in den klaren Sternenhimmel.

Schließlich resümierte ich mit meiner betriebswirtschaftlichen Ausbildung, die hin und wieder durchkommt, welche erheblichen Kosten auf uns zukommen würden, wenn wir unsere Hochzeit in dem Rahmen durchführen, den wir uns erträumten.

Und schließlich schoss aus mir die Frage heraus: "Können wir nicht ganz schnell und nur standesamtlich heiraten und das viele schöne Geld lieber bei einem Urlaub "verbraten"? Schließlich ist es ja unserer Tag und nicht der unserer Geschäftsfreunde!"

Einen Moment herrschte Stille und Wolfgang dachte über meine Worte nach.

Dann meinte er :"Ja, aber dann müsste es schon etwas ganz besonderes sein, so wie das Schwimmen mit Delfinen auf Hawaii!"

Ich war auf der Stelle ganz aufgeregt. An Hawaii und die Delfine hatte ich schon seit Wochen nicht mehr gedacht!

Jetzt schien es mir **die Lösung** zu sein, unsere Hochzeit auch ohne unsere "Wunsch" - Gäste zu einem unvergesslichen Erlebnis zu machen.

Und da fiel mir noch etwas ein: Kann man nicht auch direkt auf Hawaii heiraten?

Wir beschlossen, uns am nächsten Tag bei einem Reisebüro danach zu erkundigen.

"Das wäre schon perfekt, die Hochzeit mit dem ´Schwimmen mit Delfinen auf Hawaii´ zu verbinden, aber leider haben wir ja noch keine Nachricht aus Hawaii. Oder ist eine Email gekommen, Wolfgang?", wollte ich nun wissen.

Meine "bessere Hälfte" verneinte dies und erhob sich. Nach meinem Stichwort viel es ihm wieder ein, noch mal kurz Emails abzurufen.

Zwar war es schon nach Mitternacht. Aber wir haben recht unkonventionelle Arbeitszeiten – und so war dies nichts Ungewöhnliches.

Plötzlich ein Aufschrei: "Komm mal her! Du kannst besser Englisch als ich!"

Auf dem Bildschirm des Laptops lächelte mir die ersehnte Antwort auf unser Email nach Hawaii entgegen! Es war abgeschickt fast exakt in der Minute, als wir die Idee hatten, unsere Hochzeit mit dem "Schwimmen mit Delfinen" zu verbinden.

Wir rangen beide nach Luft, denn das Email hatte zum Inhalt, dass noch zwei Plätze frei sind und dass wir im August kommen sollen.

Trotz vorgerückter Stunde waren wir hellwach. Jetzt wollten wir auch direkt wissen, ob wir auf Hawaii rechtsgültig heiraten können. So surften wir noch stundenlang im Internet herum und stellten fest, dass es möglich ist.

Jedoch gab es bezüglich der erforderlichen Formalitäten sehr unterschiedliche und auch widersprüchliche Informationen.

Da es draußen langsam schon wieder hell wurde, beschlossen wir, erst mal ein wenig zu schlafen und die Formalitäten-Frage später zu klären.

Ziemlich zerschlagen von der kurzen Nacht fuhren wir wenig später in unser Büro. Und was lag da ganz oben auf dem Stapel Tagespost? Eine Zeitschrift mit einem Titelfoto von Hawaii und einem sehr ausführlichen Bericht über die sechs größten hawaiianischen Inseln!

Abends beim Training im Fitness-Studio lief dann auch noch ein junger Mann – aller himmlischen Dinge sind Drei - fröhlich ein Lied trällernd an uns vorbei: "Es gibt kein Bier auf Hawaii...."

In diesem Moment wussten wir sicher, dass die Engelchen wollen, dass wir dieser, in dem Lied aufgestellten Behauptung näher auf den Grund gehen sollen....

Chris aus Hawaii, die den Dolphin-Retreat durchführte, ist Reverend (Friedensrichterin) und kann auch Trauungen vollziehen.

Daher erfolgte in den kommenden Tagen und Wochen ein reger Email-Austausch zwischen Gabi aus Deutschland und Chris auf Hawaii.

Auch meine verstaubten Deutsch-Englisch und Englisch-Deutsch Lexika und meine ebenso verstaubten Englischkenntnisse kamen 18 Jahre nach dem Abitur erstmalig wieder zum Einsatz.

Jeder Tag war voller Spannung. Hatte Chris geantwortet?

Chris erklärte sich gerne bereit, uns zu trauen und ein Hochzeitsarrangement nach unseren Wünschen zusammenzustellen. Jedoch wusste sie auch nicht, welche Formalitäten erforderlich sind, um die Trauung in Deutschland rechtskräftig zu machen.

Ich fragte beim Amerikanischen Konsulat und beim Standesamt nach, jedoch ohne zu einem befriedigen Ergebnis zu kommen.

Schließlich kommunizierten wir über das Internet mit einem Pärchen, das seine Trauung auf Hawaii bereits vollzogen hatte. Ihr Hochzeits-Arrangement entstammte dem Angebot eines deutschen Reiseveranstalters.

Die Frischvermählten bestätigten, jetzt auch in Deutschland rechtskräftig verheiratet zu sein. Jedoch wussten sie nicht genau, ob alle die Unterlagen und beglaubigten Übersetzungen, die sie mit nach Hawaii nahmen, wirklich erforderlich waren.

Schließlich entschieden wir uns, auf Nummer sicher zu gehen und das Hochzeitsarrangement ebenfalls bei dem empfohlenen Reiseveranstalter zu buchen.

Die nächsten Tage vergingen "Ruck-Zuck" und waren ausgefüllt mit unserer Reiseplanung und dem Studium der entsprechenden Literatur. Schließlich konnten wir aufatmen. Unterkünfte, Mietwagen und Flüge waren fest gebucht.

Lange vor den hier geschilderten Ereignissen hatte ich mich bereits für ein zweiwöchiges Seminar in der Schweiz angemeldet, das zusammen mit der noch zu schreibenden Diplomarbeit den Abschluss meiner (offiziellen) Ausbildung zur

Lebensberaterin darstellte. Tatsächlich ist so eine Ausbildung natürlich nie abgeschlossen, da man durch das Leben ständig noch dazulernt. Die weitere Ausbildung übernimmt dann unser guter Freund "Dr. Alltag" und auch bei mir hat er ganze Arbeit geleistet!

Nach der Rückkehr von diesem Seminar würde ich nur eine Woche zuhause sein, bevor es für vier Wochen nach Hawaii und dann noch für drei Tage nach San Francisco gehen würde.

Unser überschwängliches Glück und die Vorfreude wurden jedoch gedämpft durch den sich deutlich verschlechternden Gesundheitszustand meiner geliebten Oma. Sie war wie eine zweite Mutter für mich. Auch wollte ich in der Stunde "X" bei ihr sein und auch meinen Eltern beistehen.

Einen Tag vor meine Abreise in die Schweiz besuchte ich Oma noch einmal.

Sie war schon sehr schwach. Ich massierte ihre geschwollenen Beine und Füße und spürte, das sie sich entspannte. Wir genossen das Beisammensein und alles war ganz friedlich.

Als ich ging, hatte ich einen dicken "Kloß" im Hals, weil ich spürte, wie stark Omas Lebenskräfte schon geschwunden waren. Ich ahnte, dass es ein Abschied für immer ist.

Aber was haben die Engelchen sich dabei gedacht, mich in die Schweiz zu schicken, während meine Oma zuhause stirbt?

Ich fühlte nämlich ganz genau, dass ich auf jeden Fall zu diesem Seminar in die Schweiz fahren soll.

"O.K., Ihr Engel. Ich weiß, ich muss Euch vertrauen. Ihr regelt das schon irgendwie zum Wohle aller. Ich verlasse mich auf Euch!".

Ausbildung zum Lebensberater

Die zwei Wochen in der Schweiz, die Ausbildung zum Lebensberater bei Professor Dr. Kurt Tepperwein, sowie dem wunderbaren Dr. Alexander Gosztonyi, war für mich "Gold wert".

Witzigerweise beinhaltete der Lehrstoff u. a. auch die Kahunas auf Hawaii.

"Huna" bedeutet "das Geheimnis" und "Ka" heißt "der Hüter".

Es gab zahlreiche "Hüter des Geheimnisses" auf den polynesischen Inseln.

Dies waren Menschen, die in den verschiedenen Bereichen, die zum traditionellen hawaiianischen Leben gehörten, Herausragendes leisteten. Sie waren die "Meister" im Heilen, im Hula, im Gesang, im Bau von Kanus usw.

In der Schweiz beschäftigten wir uns mit denjenigen Kahunas, die mit dem körperlichen und geistigen Wohl der Menschen betraut waren. Beides, Körper und Geist, ist für die Kahunas untrennbar miteinander verbunden.

Die Hawaiianer nennen sich "keiki o ka'aina", d.h. "Kinder des Landes". Sie lebten früher nicht nur in der Natur, sie fühlten sich auch als Teil von ihr. Sie sprachen mit dem Wind und baten Steine um Erlaubnis, sie zu betreten.

Ihr Verhalten war geprägt von tiefer Demut gegenüber den Naturgewalten und den Göttern, und von dem Einssein mit der Natur.

"Was Du der Natur antust, tust Du letztendlich auch Dir selbst an, denn alles ist eins!" war ihre Devise.

Bezeichnend ist, dass es in der hawaiianischen Sprache unzählige verschiedene Wörter gibt für die verschiedenen Arten von Regen und Wind. Auch das Meer hat viele verschiedene Bezeichnungen, je nach Farbe, Kräuselung der Wellen und anderen Merkmalen. Das "Einssein" mit der Natur findet in der hawaiianischen Sprache einen deutlichen Ausdruck.

Die Hawaiianer waren nicht nur hervorragende Bauern, die überwiegend Taro und Süßkartoffeln züchteten, sie waren auch fantastische Navigatoren auf dem Meer.

Wasser als Lebensspender symbolisierte die Fülle im Leben, so dass Nebel und Regen, anders als in unserer Kultur, stets freudig begrüßt wurden. Das Wort "wai" steht für frisches Wasser, und "wai-wai" für "ein Leben in Fülle", da dieses aus dem "wai" resultiert. Mit Fülle war jedoch eine Fülle an Harmonie und Gesundheit, Verbundenheit mit der Natur und den Göttern, eine große Familie und hinreichend Nahrung gemeint. Ein Wort für den finanziellen Wohlstand (das, was die meisten von uns als erstes mit einem "Leben in Fülle" assoziieren) gibt es in der alten hawaiianischen Sprache interessanterweise nicht.

Die Hawaiianer waren ein glückliches, hochentwickeltes und gesundes Volk, dem es an nichts fehlte – bis Ende des 18. Jahrhunderts die ersten westlichen Seefahrer und wenig später die Missionare kamen.

Die alten Hawaiianer kannten keine Schrift. Sie verehrten das Wort, da es mit dem "Atem des Lebens" so eng verbunden ist. Auch verfügten Sie wohl über ein beneidenswertes Gedächtnis, das täglich trainiert wurde. Alles was es zu bewahren gab, wurde von Generation zu Generation weitervermittelt - sei es durch Erzählungen, Gesänge, oder tänzerisch, durch den Hula-Tanz.

Leider verbaten die Missionare den Hula-Tanz, so dass sehr viel altes Wissen verloren ging. Vieles wurde jedoch, nach alter Sitte, heimlich innerhalb der Familien an die junge Generation weitergegeben.

So blühte auch ein Großteil des Wissens über die Kahuna-Medizin im Verborgenen weiter. Selbst heute gibt es noch vereinzelt "alte Meister", die Kahunas.

Interessant ist, dass die "Bestellungen beim Universum", über die Bärbel Mohr vor nicht allzu langer Zeit einen Bestseller schrieb, bei den Kahunas Alltag waren. Nur hatten sie natürlich andere Worte und Bezeichnungen für den gleichen Sachverhalt.

Die Kahunas waren auch als "Wunderheiler" bekannt und wir beschäftigten uns im Unterricht mit der Frage, wie Spontanheilungen geschehen können.

Übrigens gibt es in der Bevölkerung Hawaiis heute sehr unterschiedliche Meinungen zu den Medizin-Kahunas, was wohl daran liegt, dass es in diesem Bereich – wie überall auf der Welt – auch Scharlatane gibt.

Das alte, ursprüngliche Kahuna-Wissen, beziehungsweise das, was wir davon erfuhren, faszinierte mich sehr.

Naiv, wie ich war, wollte ich, als ich schließlich auf Hawaii war, unbedingt einen Medizin-Kahuna kennenlernen. Ich stellte mir vor, dass es Schilder an Häusern geben müsse mit der Aufschrift eines Namen und dem Zusatz "Kahuna", so wie man es in Deutschland kennt: "Jürgen Schmitz, Heilpraktiker". Sogar in Telefonbüchern forschte ich nach Kahunas.

Heute muss ich über mich selber schmunzeln, denn die wahren Kahunas "blühen" natürlich im Verborgenen....

In der Schweiz mit dabei war auch meine beste Freundin Petra, mit der ich mir ein Zimmer teilte.

Petra ist ein wenig hellsichtig. Auch hatte sie sich gerade im "Linksschreiben" geübt.

Als Rechtshänder schreibt man hierbei mit der rechten Hand eine Frage auf, nimmt den Stift dann in die linke Hand und wartet, was passiert. Man fängt schließlich an zu schreiben.

Mit seinem bewussten Verstand ist man so auf das ungewohnte Schreiben mit der linken Hand fixiert, das der Text durch das "Hohe Selbst" oder einen geistigen Führer, unzensiert durch den Verstand, auf das vor einem liegende Blatt Papier fließen kann.

Oft entstehen dabei Formulierungen, die so genial, oder altertümlich anmuten, das sie unmöglich von dem Schreiber stammen können.

Eine Frage, die wir hierbei stellten war: Wann beginnt Gabi ihre Tätigkeit als Lebensberater?

Es passierte zunächst nichts, dann malte Petra ein Fragezeichen auf das Papier. Im Anschluss erschien in krakeliger Schrift:

"Sie ist doch bereits erfolgreich dabei! Auch auf Hawaii sei aufmerksam! Gute Verbindungen für zukünftige Pläne!"

Natürlich rätselte ich lange herum, wen ich auf Hawaii Interessantes treffen könnte.

Auf jeden Fall nahm ich mir vor, sehr aufmerksam zu sein, damit ich die "guten Verbindungen für zukünftige Pläne" auf keinen Fall verpasse.

Oma Lina geht nach Hause

Schließlich war der Tag der Heimreise gekommen. Als ich die deutsche Grenze erreichte, rief ich vom Handy aus Wolfgang an. Wir hatten während des zweiwöchigen Seminars so gut wie keinen Kontakt, weil ich mich ganz auf den vermittelten Lehrstoff konzentrieren wollte. Das erste, was Wolfgang sagte war: "Sei ganz beruhigt, Deine Oma lebt!"

So trat ich entspannt die weitere Rückfahrt an.

Auf den letzten 300 Kilometern, die mich noch von Zuhause trennten, passierte etwas Merkwürdiges.

Ich sah beiläufig auf den Tacho meines BMW Z3 und erschrak fürchterlich. Der Tacho zeigte 220 Stundenkilometer an! Blitzartig nahm ich meinen Fuß vom Gaspedal. Was war das denn?

Ich hatte gar nicht gemerkt, dass ich so schnell fahre!

Jetzt aber höchstens 160 km fahren! Schließlich war ich zwei Wochen weg. Da kommt es auf eine halbe Stunde mehr oder weniger auch nicht an.

Wenige Minuten später zeigte mir ein Blick auf den Tacho dass ich schon wieder 220 Stundenkilometer schnell war. Ich war genauso erschrocken wie beim ersten Mal und riss den Fuß vom Gaspedal weg. Mein Wagen verlor langsam an Geschwindigkeit.

Nach wenigen Minuten klebte die Tachonadel jedoch wieder auf der 220!

Ich konnte fast nichts machen. Der Wagen lief wie auf Schienen. Ich fuhr nicht selber.

Ich wurde gefahren!

Auch wenn mich dieser ungewohnte Zustand leicht beunruhigte, so fühlte ich mich doch völlig sicher und geboren. Ich wusste, dass ich sicher nach Hause komme. Merkwürdigerweise entdeckte ich auch keine Geschwindigkeitsbegrenzungen auf der Strecke. Dabei war mir so, als wären früher immer welche da gewesen.

Sehr schnell erreichte ich die Autobahnausfahrt und hatte auf der Schnellstraße von Köln stadtauswärts eine "grüne Welle" was zuvor noch nie vorgekommen war.

Ich beschloss, mir abzugewöhnen, mich noch über irgendetwas zu wundern und die Dinge einfach geschehen zu lassen.

So parkte ich den Wagen an diesem Samstag Abend Punkt 21.00 Uhr vor dem Eingang unseres Hauses.

Dort wurde ich von Wolfgang mit einer stürmischen Umarmung und einem "Ich habe Dich ja so vermisst" und von Buddy mit einem freudigen Schwanzwackeln begrüßt. Wolfgang führte mich an unseren Esstisch, auf dem mein Lieblingsessen duftete und der liebevoll mit Blumen geschmückt war.

Wir wollten gerade, ca. 10 Minuten nach meiner Heimkehr, anfangen zu essen, als das Telefon klingelte. Mein Vater war am anderen Ende der Leitung und sagte mit tonloser Stimme: "Die Oma ist gerade eben gestorben!"

"Wir kommen sofort!" Jetzt wusste ich, warum ich so schnell nach Hause sollte. Es war, als ob Oma, die immer so in Sorge war, ob ich nach einer Reise wieder gesund ankommen würde, noch gewartet hat, bis ich sicher Zuhause bin. Danach konnte sie dann beruhigt "gehen". Meine Oma war im Hause meiner Eltern eingeschlafen, das nur vier Kilometer von unserer Wohnung entfernt liegt.

So stand ich wenige Minuten später am Bett meiner Oma, um Lebewohl zu sagen.

Mein Herz raste wie wild, weil ich noch nie einen leblosen Körper gesehen hatte.

Auch wenn sie ihr irdisches Leben schon losgelassen hatte, so fühlte ich doch deutlich ihre Anwesenheit in diesem Raum.

Ich verabschiedete mich tränenreich von meiner geliebten Oma, die mich mein ganzes Leben lang wie eine zweite Mutter, auf ihre Weise, liebevoll begleitet hatte.

Ich fühlte aber auch einen großen Frieden und eine tiefe Dankbarkeit, dass meine Oma, wie mir berichtet wurde, recht leicht loslassen konnte und keine nennenswerten Schmerzen mehr hatte.

"Oma, Du hast es geschafft! Ich freue mich für Dich, dass Du diesen Moment des Sterbens, vor dem du so große Angst hattest, gut überstanden hast!"

Schließlich wurde meine Zweisamkeit mit Oma unterbrochen. Der gerufene Arzt war eingetroffen um den Tod von Oma zu attestieren.

Also blieb mir nichts anderes übrig, als vom Bett zurückzutreten.

Nach einer kurzen Untersuchung nickte uns der Notarzt beileidsvoll zu und verließ dann den Raum.

Wolfgang und meine Eltern deuteten mir an, dass es nun auch für mich an der Zeit wäre, das Sterbezimmer zu verlassen. Auch wenn ich gerne noch einmal mit meiner Oma alleine gewesen wäre, so fügte ich mich nun, denn ich war zu erschöpft um noch irgendeinen Widerstand zu leisten.

So saß der übriggebliebene klägliche Rest der Familie - meine Mutter, mein Vater, Wolfgang und ich - noch eine Weile im elterlichen Wohnzimmer und sprach über dies und das.

Die Anwesenheit meiner Oma spürte ich noch immer.

In den nächsten Tagen war Wolfgang für uns alle eine große Stütze, denn er begleitete meinen Vater zum Bestattungsunternehmen und erledigte eine ganze Reihe von Formalitäten.

Eine enorme Erleichterung bereitete es mir, zu hören, dass die Beerdigung bereits am kommenden Donnerstag stattfinden würde. So konnten Wolfgang und ich noch dabei sein, denn erst am Samstag, zwei Tage später, startete unser Flug nach Hawaii.

"Also Ihr Engel, ich muss schon sagen: Das habt Ihr zeitlich ja alles perfekt hingekriegt. Kompliment!"

Relativ gefasst und voller Liebe und Dankbarkeit in meinem Herzen für alles das, was Oma im Laufe meines Lebens für mich getan hat, überstand ich den Tag der Beerdigung.

So fand der Körper meiner Oma eine letzte Ruhestätte neben meinem Opa, der schon von uns ging, als ich 18 Jahre alt war. Auch ihn hatte ich sehr geliebt.

Meine Freundin Petra übersandte mir folgenden Text, den sie durch "Linksschreiben" von "oben" übermittelt bekam und der mich sehr tröstete:

"Wenn ein Mensch geht:

Es ist die Ruhe der Seele, die ein Mensch von Zeit zu Zeit braucht, wenn der Atem eines Lebens verhaucht. Es ist die Liebe der Herrlichkeit, die nie vergeht, zu keiner Zeit.

Ein Mensch wird geboren, um einmal zu gehen, wenn der Augenblick des Lebens verebbt.

Zurück bleibt die Leere, der Körper, das Fleisch, doch auch die Liebe im Herzen zugleich.

Eine Chance wurde geboren, für den, der dort noch ist, sein Leben umzugestalten, noch einmal ein neues Glück.

Du bekommst nur zu tragen, was Du auch verstehst, denn nichts ist für ewig, auf Deinem langen Weg.

Schaue immer nach vorne und niemals zurück, denn dort ist der Schmerz ohne das Glück.

Eine Seele entscheidet, wann komm ich, und geh, und eine Erkenntnis tut manchmal auch weh.

Du hast nun die Chance zu wachsen, Du Mensch. Du kannst auch verkümmern, wenn Du nicht erkennst, das Leben ist Wachstum, Verblühn und Vergehen. Du darfst jetzt noch bleiben, im Augenblick fröhn.

Es ist nur die Liebe, die Dir nun noch bleibt, die Liebe im Herzen für alle Zeit! Die Liebe ist gnädig, gefügig und groß, Du musst daran glauben, auch in der Not.

Nichts ist vergänglich im Leben der Last, die Du nun noch trägst, nicht losgelassen hast.

Freiheit ist einfach, genial und perfekt, wenn Du hast Deine Seele nicht mit Kummer belegt.

Lebe Dein Leben, lasse ihre Seele ziehen, denn ist sie nicht frei, kann sie nicht gehen. Muss über Dich hüten, tagaus und tagein und kann nicht beflügelt Dein Lebensengel sein. Kann nicht entscheiden, was will ich jetzt tun, sondern muss bis in alle Ewigkeit an Deinem Kummerbett ruhen. Lasse sie ziehen, sei dankbar und keine Last, damit auch Du wieder eine neue Chance hast.

Das Leben ist nur ein Augenblick des Moments, an den wir Menschen uns hängen und vergessen das Geschenk, das Gott uns gegeben, mit jeder Not, in der die Chance zum Neuanfang ruht.

Sei traurig und weine, für eine Zeit, doch dann lasse sie los, die Vergangenheit. Hebe den Kopf und habe den Mut, Dein Leben zu leben in glücklicher Zeit.

Du bist ein Wesen so rein und so klar und auch Du wirst einmal gehen, von hier nach da.

Doch dann ist Dein da ein hier. Das eine steht fest und das glaube mir: die Seele bleibt ewig, nur Dein Körper vergeht. Und auch die Seele der Menschen, die Du einst geliebt, Du findest Sie wieder, immerzu. Hab keine Angst, Du bist nicht allein, es sind nur Deine Gedanken, die Dir reden das ein. Verliere nie die Hoffnung, niemals den Mut, denn Alles ist richtig, Alles ist gut.

Die Liebe ist mächtig, die Liebe ist stark, die einzige Kraft, die zu heilen und segnen vermag.

In Gedenken an einen Menschen der von uns gegangen ist, und uns dennoch niemals verlassen hat."

Hawaii, wir kommen!

Plötzlich war der Samstag da und Wolfgang und ich standen mit vier prall gefüllten Koffern am Flughafen Düsseldorf.

Als das Flugzeug mit dem ersten Zielfughafen Chicago vom Boden abhob, nutzte ich die Zeit, um die Ereignisse der letzten Tage und Wochen noch einmal Revue passieren zu lassen.

Da waren der Heiratsantrag, die Planung und schließlich die Buchung unserer Hawaii-Reise, das hochinteressante Seminar in der Schweiz, das "Heimgehen" meiner Oma, die Beerdigung mit allen Formalitäten und die Vorbereitungen für unsere vierwöchige Hawaii-Tour.

Da musste ich jetzt doch erst mal Luft holen!

Von Chicago aus flogen wir nach einer kurzen Wartezeit mit einer anderen Maschine weiter nach San Francisco. Am Gepäckband, an dem wir auf unsere Koffer warteten, hielt das Universum dann eine weitere kleine Prüfung für uns bereit. Es war schon sehr spät abends, wir natürlich hundemüde, und von unseren vier Koffern fand sich nur ein einziger auf dem Laufband wieder. Drei Koffer waren verlustig. Das fängt ja gut an! Nun hieß es ruhig bleiben und an unser Motto denken: **Wer weiß, wofür es gut ist!**

Jedoch konnten wir uns, auch wenn wir unsere Fantasie bis auf das Äußerste strapazierten, nicht vorstellen, wofür das jetzt gut sein soll.

Nun bekam ich den "Job" von meinem künftigen Gatten zugewiesen - mit meinen seit neunzehn Jahren nicht mehr angewendeten Englisch-Kenntnissen - der netten Dame am Flugschalter klar zu machen, was passiert ist. Ich muss sagen, meine Zunge war doch noch recht schwerfällig. Die Worte, die ich mir in meinem Kopf so schön zurechtlegte, kamen nur mühsam über meine Lippen.

Nach wenigen Minuten hatte sich jedoch schon alles aufgeklärt.

Eigentlich sollten alle vier Koffer direkt zum Flughafen Kailua-Kona auf Hawaii durchgeleitet werden. Aber irgendwie haben wir das nicht mitbekommen und standen deshalb in San Francisco am Gepäckband. Hätten wir nicht dort gestanden, wäre der eine Koffer, den wir nun in Händen hielten, entweder verloren gegangen, oder nur mit einer Verspätung auf Hawaii angekommen. Auf jeden Fall hätten wir ihn in Kona vermisst und größere Unannehmlichkeiten gehabt als das nun in San Francisco der Fall war.

Was sind wir doch für Glückpilze!!!

Meine nächste kleine Herausforderung war es, mich durchzufragen, wie und wo man den Shuttlebus zu unserem Hotel bestellt, in dem wir uns einige Stunden würden ausruhen können.

Es klappte alles reibungslos. Im Hotel angekommen, vielen wir schnell in einen tiefen Schlaf, der allerdings viel zu früh vom unbarmherzigen Klingeln des Weckers unterbrochen wurde.

Schnell hieß es duschen, anziehen und mit dem Shuttlebus zurück zum Flughafen.

Hier blieb uns noch genügend Zeit für ein üppiges, amerikanisches Frühstück.

Mein Herz schlug wie wild, als wir schließlich voller Vorfreude die Maschine nach Kailua-Kona / Hawaii bestiegen.

In wenigen Stunden würden wir, fast am anderen Ende der Welt, auf unserer Trauminsel Hawaii landen.

Unsere Sitzplätze befanden sich in der letzten Reihe direkt an der Küche und so standen wir dort des öfteren zu einem Schwätzchen mit dem freundlichen Bordpersonal von United Airlines.

Meine Zunge wurde jetzt schon langsam etwas lockerer.

Wolfgang, der eigentlich gar nicht richtig Englisch kann, jedoch für das eine Jahr Englischunterricht, das er irgendwann mal hatte, einen erstaunlich großen Wortschatz aufweist, plapperte ebenfalls munter darauf los und trug auf diese Art und Weise sehr zur Erheiterung der gesamten Crew und natürlich auch zur Erheiterung seiner zukünftigen Frau bei.

Um den feierlichen Moment - kurz vor der Landung auf unserer Trauminsel - gebührend zu feiern, bestellte Wolfgang ein Glas Rotwein, das er kurz danach in der Aufregung über seine Hose ergoss. Schnell eilte eine der freundlichen Stewardessen herbei und bemühte sich mit einer ganzen Ladung von Papiertüchern das weitere Ausweiten der Rotweinpfütze zu verhindern und Wolfgangs Hose soweit es geht, abzutrocknen.

Wolfgangs Vorfreude war durch dieses kleine Malheur jedoch nicht zu bremsen und so orderte er ein neues Glas Rotwein.

Es kam wie es kommen musste: auch das zweite Glas Rotwein ergoss sich wenig später über den Boden und über Wolfgangs Hose. Von meinen nicht enden wollenden Lachsalven alarmiert, eilte wieder die freundliche Stewardess herbei und bearbeitete Wolfgangs inzwischen doch recht rotweindurchtränkte Hose. Ich denke, Wolfgang hat es genossen, denn er strahlte die Stewardess mit dem charmantesten Lächeln an, das er zu bieten hat.

Dieses Lächeln blieb anscheinend nicht ohne Wirkung.

Wenige Minuten später erschien nämlich erneut, die nun wie ein "Honigkuchenpferd" grinsende Stewardess und übereichte mir eine Literflasche hervorragenden Rotweins mit den Worten: " Gib ihm (Wolfgang) einen Strohhalm!"

Durch mein lautes Lachen und den wiederholten Aufenthalt der Stewardess an unseren Plätzen, hatten wir natürlich auch die Aufmerksamkeit einiger Passagiere auf uns gezogen.

So drehte sich plötzlich die Dame auf dem Sitz vor Wolfgang zu uns um und sagte:

"Entschuldigen Sie, das ich Sie anspreche. Wie ich höre, sind Sie Deutsche. Ich bin auch Deutsche, lebe aber schon seit 30 Jahren auf Hawaii."

So lernten wir Katharina kennen, eine an Jahren schon sehr alte, aber im Herzen unglaublich junggebliebene, reizende Frau. Sie kehrte gerade von einem Besuch bei Ihrem Sohn auf dem US-Festland zu ihrem Zuhause auf der Pazifikinsel zurück. Es begann ein lebhaftes Gespräch, das sich um die Schönheit der hawaiianischen Inseln drehte. Und natürlich erzählten wir auch, das wir heiraten und mit Delfinen schwimmen werden. So verging die Flugzeit von 5,5 Stunden schneller als erwartet.

Von meinem Fensterplatz aus tat sich mir ein erster Blick auf den Osten der 4035 qkm großen Insel Hawaii auf.

Ich sah die üppige, tropische Fauna, die sich vom Meer bis zu den Berghängen der Vulkane hin erstreckt.

Und da war auch schon die im Windschatten der Berge gelegene trockene und karge Westküste von Hawaii zu erkennen.

Nun setzte die Maschine zum Landeanflug an und ich hatte Gelegenheit, einen ersten Blick auf den wunderschönen, romantisch anmutenden Flughafen von Kailua-Kona zu werfen.

Wir haben auf unserer vierwöchigen „Insel-Hopping-Tour“ alle größeren hawaiianischen Flughäfen kennengelernt. Unser einhelliges Urteil lautet: Der Flughafen von Kailua-Kona auf Big Island ist der schönste und landestypischste von allen!

Schnell drückte mir Katharina noch einen Zettel mit Ihrer Adresse in die Hand.

"Besucht mich, wenn ihr Zeit habt. Ihr könnt auch gerne bei mir wohnen. Ich habe ein großes Haus und freue mich immer über Gesellschaft."

Bei meinem kurzen Blick auf den soeben erhaltenen Zettel stellte ich mit Bewunderung fest, das die alte Dame sogar über eine eigene Email-Adresse verfügte.

Als sich die Türen des Flugzeugs öffneten, schlug uns die Hitze - aber auch der kühlende Wind vom Meer - entgegen.

Wir schritten die Treppenstufen hinunter und konnten unser Glück noch gar nicht fassen. Wir waren tatsächlich auf Hawaii! Hawaii ist übrigens sowohl der Name für die Insel, auf der wir gerade glücklich gelandet waren, als auch für die ganze pazifische Inselgruppe.

Um Verwechslungen zu vermeiden, nennt man die **eine** Insel Hawaii auch "Big Island" da sie die größte der hawaiianischen Inseln ist.

Auf dem kleinen, romantischen Flughafengelände herrschte ein reges Treiben. Die Menschen wirkten so glücklich und ausgeglichen. Hawaiianerinnen in farbenprächtigen Kleidern verkauften Leis, die berühmten, betörend duftenden Blütenkränze. Ich atmete tief durch und sog die wunderbare Atmosphäre in mich auf. Der Urlaub hatte begonnen! Gemütlich schlenderten wir zum Gepäckband und da kamen auch schon unsere vier Koffer in Sicht.

Vor dem Flughafengelände stiegen wir in eins der dort wartenden Taxis und baten den freundlichen Fahrer, uns in das nur wenige Kilometer entfernte Hotel "Royal Kona Resort" zu kutschieren. Der Hawaiianer machte die Tour zu einem Erlebnis, indem er in blumiger Sprache von den Schönheiten der Insel schwärmte. Während der Fahrt kamen wir vorbei am Kamakahonu Beach und der Residenz des berühmten Königs Kamehameha, in der dieser 1819 verstarb. Auf gleicher Höhe befinden sich, auf einer Plattform aus Lavabrocken stehende, grasbedeckte Hütten -der wieder in den Originalzustand versetzte Ahuena Heiau - eine alte Kultstädte der Hawaiianer. Auch bewunderten wir das Wahrzeichen des Ortes, die Mokuaikaua-Kirche, die, wie wir später feststellten, besonders abends, bevor die Sonne im Meer versinkt, in einem gleißend weißen Licht erstrahlt.

Während der ganzen Fahrt grüßte unser fröhlich vor sich hinsummender Taxifahrer immer wieder andere ihm entgegenkommende Kollegen und einheimische Passanten am Straßenrand in einer für uns recht merkwürdigen Art und Weise.

Er streckte lässig den Arm aus dem Seitenfenster, ballte die Faust, wobei aber der kleine Finger und der Daumen ausgestreckt blieben. Dann schaukelte er seine wie kleine Hörner aussehende Faust mehrfach hin und her.

Die so Gegrüßten erwiderten den Gruß genauso lässig und grinsend. Wir schauten uns das Schauspiel einige Zeit äußerst amüsiert an. Schließlich hielt Wolfgang es vor Neugierde nicht mehr aus, stieß mir in die Rippen und forderte mich auf, den Taxifahrer zu fragen, was er da mache.

Ich tat, wir mir geheißen. Der Einheimische klärte uns auf und meinte, das wäre auf ganz Hawaii der gängige Gruß, der soviel bedeuten würde wie: "hang loose!" oder "take it easy" - auf gut deutsch: "Lasse es ruhig angehen, nimm´s leicht, bleib locker!".

Das gefiel uns sehr!

Später stellten wir fest, dass man überall auf Hawaii sogar T-Shirts mit etlichen Motiven rund um das Thema "hang loose" kaufen konnte.

Schon rollte unser Wagen auf den Vorplatz des "Royal Kona Resort". Wir verabschiedeten uns mit einem großzügigen Trinkgeld von dem Taxifahrer und übergaben unsere Koffer in die Obhut des herbeieilenden Hotel-Boys.

Die Anlage des "Royal Kona Resort" ist weitläufig und geschmackvoll angelegt. Eine Holzbrücke führt über einen sich schlängelnden Teich mit üppiger Vegetation und einer Vielzahl von Fischen. Alles ist offen und luftig gehalten. An den Decken drehen sich Ventilatoren, die für eine kühle Brise sorgen. An jeder Ecke werden Augen und Nase von ausladenden Blumen-Arrangements verwöhnt.

Das "Check-in" war schnell erledigt. Neugierig öffneten wir kurz darauf die Türe zu unserem Zimmer und auf unseren Gesichtern war ein begeistertes Strahlen zu verzeichnen. Auch das Zimmer war mit hellen Farben und freundlichen Blumenmustern ausgestattet. Vom großzügigen Balkon aus bot sich links der Blick auf das Meer und die Bucht von Kona und rechts der Blick in das Landesinnere. Dies würde also unsere Unterkunft für die nächsten zwei Tage sein. Hier ließ es sich wahrlich aushalten!

Es war früher Nachmittag und uns hielt nichts in unserem Zimmer. Auspacken würden wir später noch können! Wir tauschten nur noch schnell unsere Reisekleidung gegen etwas Luftigeres aus und ab ging es zu einer ersten Ortsbesichtigung.

Bei einem gemütlichen Bummel entlang der Hauptstraße, dem Alii Drive, vorbei an vielen einladenden Restaurants und liebevoll eingerichteten Souvenirshops, genossen wir den historischen Charme dieses lebhaften Städtchens.

Am Abend bot sich auf der Terrasse unseres Hotels eine besondere Attraktion: ein "luau".

Das ist ein landestypisches Fest mit einheimischen Gerichten und Darbietungen von Tänzen aus dem polynesischen Raum.

Das Hauptgericht eines luau ist "imu", ein im Erdofen gebackenes Schwein. Dies erfordert, wie wir erfuhren, bis zu acht Stunden Garzeit. Für den Ofen werden in einer Grube Lavasteine im Feuer zum Glühen gebracht. Dann wird ein komplettes Schwein mit feuchten Ti- und Bananenblättern umwickelt und in einer abgedeckten Grube gedünstet.

Alle Gäste bestaunten andächtig, wie die Hotelmitarbeiter das fertig gegarte Schwein aus der Erdgrube holten und mit geschickten Handgriffen in mundgerechte Portionen zerteilten. Köstlicheres Schweinefleisch habe ich in meinem ganzen Leben noch nicht gegessen!

An diesem Abend machten wir auch eine erste Bekanntschaft mit "poi". Dieser dickflüssige Brei aus zerstoßenen und gekochten Tarowurzeln wird stilgerecht als Beilage zu dem Schweinefleisch gegessen. Unter uns: "poi" sieht aus wie lila Tapetenkleister, schmeckt gewöhnungsbedürftig bis schauderhaft, soll aber sehr gesund sein.

So futterten wir uns durch das reichhaltige Angebot des aufgebauten Büffets und ließen auch die süßen, meist nach Kokosnuss schmeckenden Nachspeisen nicht aus. Zu Trinken gab es Mai-Tai und einen weiteren tropischen Cocktail, der in einer ausgehöhlten und wunderbar dekorierten Ananas serviert wurde.

So gestärkt lehnten wir uns wohlig zurück, um das nun dargebotene Programm zu genießen.

Und dann geschah etwas Merkwürdiges mit mir: Schauer der Begeisterung liefen über meinen Körper als ich das erste Mal sah, wie eine Gruppe von langhaarigen Inselschönheiten den hawaiianischen Hula-Tanz vorführte. Wie gebannt beobachtete ich die anmutigen Bewegungen ihrer Hüften und der Hände, mit deren Hilfe Geschichten erzählt werden von Göttern, der Schönheit der Inseln und von der Liebe.

Ich war befallen von einer Art freudiger Erregung, die ich mir nicht erklären konnte. Doch da war noch mehr: ein Erinnern! Diese Tänze kamen mir so vertraut vor. Mir war, als hätte ich in einem frühern Leben selber Hula getanzt. Wie gefesselt starte ich auf die wiegenden, weichen, harmonischen Tanzbewegungen und mein Herz hüpfte vor Freude.

An diesem Abend lag ich noch lange wach. Dies lag zum Teil an den aufregenden Erlebnissen und zum Teil an Larry.

Larry war unser Zimmernachbar zur Linken. Larrys Hobby war es, zu nächtlicher Stunde auf seinem Balkon lautstarke Telefonate zu führen. In der ersten Nacht zählte ich derer sieben. Jedes begann mit den Worten:

"Hi, here is Larry, can you hear the ocean?"

Für Wolfgang die deutsche Übersetzung:

"Hi, hier ist Larry. Kannst du das Rauschen des Meeres hören?"

Vermutlich hielt Larry dabei den Telefonhörer weit über die Balkonbrüstung.

"Na ja," dachte ich mir. "da schicken mir die Engel diesen Larry, damit ich nicht noch durchdrehe vor Glück." Im Bett neben mir schnörchelte Wolfgang friedlich vor sich hin.

Von der Existenz Larrys erfuhr er erst am nächsten Morgen, als ich ihm bei einem ausgedehnten Frühstück von den nächtlichen Telefonaten berichtete.

Die Frühstücks-Büffets im "Royal Kona Resort" sind uns besonders positiv in Erinnerung geblieben. Wir genossen sie draußen auf der Terrasse mit Meerblick. Überall flogen Vögel herum, die paradiesisch anmuteten. Zu Essen gab es von einem gigantischen Büffet, was das Herz begehrt. So belud ich allmorgendlich meinen Teller mit Türmen von Ananas- und Papayascheiben und konnte gar nicht genug bekommen von all den tropischen Früchten, die hier so viel aromatischer schmeckten, als Zuhause in Deutschland. Das Allerbeste an dem Frühstück war jedoch, dass wir es auf Kosten des Hotels genießen durften. Denn als "Honeymooner" (eine wunderschöne, liebevolle Umschreibung für Hochzeitsreisende) hatten wir Frühstücksgutscheine geschenkt bekommen. Noble Geste!

Wolfgang und ich nutzten den Tag, um an der hoteleigenen Badebucht die Schnorchelausrüstung und die Schwimmflossen auszutesten, die wir zuhause erstanden hatten. Schließlich wollten wir auf das "Schwimmen mit Delfinen" gut vorbereitet sein. Wir hatten bisher keine Schnorchelerfahrung und wollten natürlich vor den Delfinen und den anderen Teilnehmern ein gutes Bild abgeben. So waren wir schließlich beruhigt, festzustellen, dass unsere Masken dicht sind und wir uns nach etwas Training ganz passabel anstellten.

Besonders meinem zukünftigen Göttergatten ist dieser Tag noch aus einem anderen Grund in Erinnerung geblieben. Er zog sich nämlich beim Schnorcheln einen mörderischen Sonnenbrand zu. "Ja, ja, die Sonne von Hawaii hat es schon in sich!"

Nachdem die Wunden gekühlt waren, schlenderten wir noch einmal entlang des Alii Drive.

Fasziniert beobachteten wir schließlich eine Gruppe von Athleten die sich anscheinend auf den alljährlich im Oktober in Kona stattfindenden Ironman-Triathlon vorbereiteten. Ich selbst war wenige Wochen vorher Zuhause, in deutlich gemäßigteren Temperaturen, meinen ersten Marathon gelaufen und deshalb voller Bewunderung für diese "eisenharten" Typen, die neben einem Marathon von 42,195 km Länge auch noch 3,86 km Schwimmen im offenen, meist recht rauhen Meer und 180 km Radrennen entlang der Küste Konas zu absolvieren haben würden.

Im "Sibu"-Cafe in einem kleinen Shopping-Center im Herzen von Kona-Stadt direkt an der schön geschwungenen Bucht ließen wir den Tag mit trockenem Weißwein und einheimischen Fischspezialitäten wie "ahi" und "mahi-mahi" gemütlich ausklingen.

Meine Nachtruhe wurde jedoch wieder empfindlich gestört von:

"Hi, here is Larry, can you hear the ocean?".

In dieser Nacht zählte ich neun verschiedene Anrufe. Wie kann ein Mensch nur so viele Bekannte haben? Wolfgang schlummerte wieder friedlich und das trotz Sonnenbrand!

Am nächsten Morgen machte ich auf meinen Gatten in spe einen ziemlich übernächtigten Eindruck. Dafür wusste ich inzwischen alles über Larry, sogar über sein Liebesleben.

Beim Frühstück fragte ich mich, wie dieser Larry, dessen Stimme mir ungewollt so vertraut wurde, wohl aussehen mag. Mein Blick schweifte über die essenden Hotelgäste und blieb an jedem jüngeren Mann etwas länger kleben. Leider gelang es mir nicht, das Geheimnis um Larrys Identität zu lüften. Nicht, das ich neugierig gewesen wäre...

Zurück im Hotelzimmer stellten wir anhand eines blinkenden Lichts an unserem Telefon fest, dass wir einen Anruf erhalten haben. Schließlich gelang es uns, diesen abzuhören. Er stammte von Christoph, dem Reporter und Verfasser der Delfin-Story, der unseren Delfin-Workshop begleiten und dolmetschen würde.

Er teilte uns mit, dass er uns um zwei Uhr vor dem Hotel abholt. Auch erwähnte er, dass er blond und blauäugig sei - ein typisch Norddeutscher eben - und einen weißen Van fährt. Nun ja, da hatte ich meine Personenbeschreibung, wenn auch nicht von Larry - aber immerhin.

Nun wurden Wolfgang und ich langsam doch etwas nervös. Wie würden die anderen Teilnehmer des Retreats so sein? Die Namen und Adressen der drei weiteren Teilnehmerinnen hatten wir bereits erhalten.

Und wie würde es sein, mit wilden Delfinen zu schwimmen? Nun überkam mich doch eine leichte

Panik, wenn ich an die imposante Größe dieser Meeressäuger dachte.

Und was, wenn wir statt den erwarteten Delfinen Haien begegnen würden?

Wolfgang versuchte mich mit dem Hinweis zu beruhigen, das Haie ein breites Maul haben und Delfine eine längliche Schnauze und diese somit leicht zu unterscheiden seinen.

"Schwätzer," dachte ich noch so bei mir "wenn Du nahe genug dran bist, um diesen Unterschied zu erkennen, könnte es zu spät sein!".

Schwimmen mit Delfinen auf Big Island

Kurz vor zwei Uhr hatten wir ausgecheckt und saßen mit unseren Koffern in der Hotel-Lobby unter einem der angenehm kühlenden Ventilatoren.

Schließlich fuhr der weiße Van vor und wir blickten das erste Mal in Christophs lustige blaue Augen. Im Van saßen bereits Melanie und Alexandra, zwei der drei "Delfinschwimmerinnen", mit denen wir die kommende Woche verbringen würden. Und so gab es ein allgemeines freundliches Hallo. Alle waren sehr aufgeregt und jeder wollte von seinen bisherigen Reiseerlebnissen berichten.

Christoph lenkte den großen, weißen Wagen in Richtung Süden und immer an der Kona-Coast vorbei. Rechter Hand sahen wir das tiefblaue Meer, die Palmen, kleine weiße Sandbuchten und Lava-Geröll an uns vorbeiziehen. Wir erreichten die kleine Ortschaft Captain Cook (dort soll der berühmte Seefahrer gleichen Namens erstmals Big Island betreten und dort auch von Einheimischen erschlagen worden sein) und bogen dann über verwinkelte kleine Straßen in das subtropische Landesinnere ab.

So verlief die etwa 45-minütige Fahrt bis zu unserem nächsten Urlaubsquartier, das uns als "tropical hideaway", als "tropischer Unterschlupf" angekündigt worden war, sehr angenehm und kurzweilig.

Als der Van schließlich zwischen Bananenstauden, riesigen Mangobäumen, Ingwerpflanzen und neben einem abgelegenen Holzhaus stoppte, waren die Insassen des Vans fast schon Freunde geworden.

Kaum aus dem Wagen ausgestiegen, wurden wir auch schon von Chris, der Leiterin des Retreats und von Heidi, der weiteren Teilnehmerin, herzlich begrüßt. Alle redeten aufgeregt durcheinander. Schließlich zeigte uns Christoph, wo wir in den nächsten sieben Tagen wohnen würden.

Heidi, Melanie und Alexandra wurde ein gemütlicher Anbau inmitten der tropischen Vegetation unter einem gigantischen Mangobaum zugewiesen. Toilette und Waschmöglichkeit befanden sich draußen in freier Wildbahn.

Wolfgang und ich bekamen ein Zimmer, das direkt unter der Wohnung von Chris lag. Statt Wänden und Glasfenstern gab es nur eine Holzkonstruktion. Zwischen den wenigen Holzbalken waren Fliegengitter befestigt. Von unserem breiten, gemütlichen Bett aus hatten wir einen "Beinahe-Rundumblick" auf Palmen, riesige Bäume und nachts auf die Sterne.

Das Klo befand sich, ohne Abtrennung, in einer Ecke direkt neben der Küchenzeile. Trotz der Schlichtheit unserer Unterkunft, oder gerade deswegen, waren Wolfgang und ich restlos begeistert. Inmitten der wilden Natur fühlten wir uns richtig wohl. Dies war der perfekte Wohnort für eine Woche voller Abenteuer.

Bei einem ersten Rundgang durch den tropischen Garten merkten wir allerdings schnell, dass die Natur auch ihre Tücken hat. Schon nach wenigen Minuten hatten wir die ersten Moskitoeinstiche an unseren Beinen zu beklagen. Wenn das so weitergehen würde, dann prost Mahlzeit!

Christoph grinste, als wir Mädels so wild um uns schlugen, um uns die Moskitos vom Hals zu halten. Er hatte vorsorglich größere Mengen Vitamin B eingenommen, das ihn anscheinend vor den Einstichen dieser winzigen, aber für ihre Größe erstaunlich bösartigen Tierchen, verschonte.

Wie zuvor verabredet, fanden wir uns wenig später alle an dem kleinen romantischen Swimmingpool ein, der mit zu dem Anwesen gehörte. Dort standen eine Liege und mehrere Hocker und Stühle, auf denen wir uns niederließen und es uns gemütlich machten. Die nur englischsprachige Chris begrüßte uns noch einmal offiziell zu unserem "Dolphin-Retreat" und besprach mit uns das Programm für die gemeinsamen Tage. Christoph übersetzte ihre Worte ins Deutsche, da einige nur geringe Englischkenntnisse hatten.

Schon jetzt fühlten wir alle eine tiefe Verbundenheit, so verschieden wir auch waren: Alexandra, Ende 20, Physiotherapeutin vom Bodensee; Melanie, 38, Bürokauffrau und ein Ostberliner "Pflänzchen"; Heidi, 50 Jahre jung, Lebensberaterin aus Bayern; Wolfgang, 49 und Gabriele 36, das Pärchen aus Köln - wir also! Weiterhin dabei waren Christoph, Anfang 40, der in Santa Fe ansässige Norddeutsche, sowie unsere "Chefin" Chris, die irgendwann dem Ruf der Delfine folgte, ihre Unternehmensberatungsfirma und ihren Mann auf dem US-Festland zurückließ, um auf Hawaii ein neues Leben anzufangen.

Uns alle verband die Sehnsucht, mit den Delfinen zu schwimmen und die Vorfreude auf die vor uns liegende Woche.

Nachdem alle Fragen beantwortet waren, packten wir unsere Schnorchelausrüstung zusammen und fuhren in dem Van zu einer nahegelegenen Bucht um dort den "Ernstfall" zu proben. Bevor wir losfuhren, hatten wir dann aber doch noch eine Frage. Unsere Unterkünfte waren nicht abschließbar und wir ließen dort unsere Reisepässe, Fotoausrüstung, Bargeld, Reiseschecks und Kreditkarten unbeaufsichtigt zurück.

Chris beruhigte uns jedoch. Es würde nichts passieren. Die Gegend sei völlig sicher. Wir hatten keine andere Alternative, als den Worten der Friedensrichterin Glauben zu schenken.

Bald schon erreichten wir die idyllische Bucht. Ich beobachtete, wie Chris den Wagen nicht abschloss und sogar den Schlüssel stecken ließ. Die Insel schien mir immer mehr ein wahrlich himmlisches Plätzen zu sein. Alles wirkte so friedlich.

Vorsichtig gingen wir über das teilweise etwas spitze schwarze Lava-Gestein und konnten schließlich bequem über ein Naturtreppe in das an dieser Stelle schon einige Meter tiefe, strahlendblaue, 26 Grad warme Wasser hinabsteigen. Ein erster Blick mit der Tauchermaske unter die Wasseroberfläche und ich hielt vor Begeisterung den Atem an. Schon hier, direkt am Ufer tummelten sich munter zahllose bunte Fischchen. Unter Ihnen auch der gelb-schwarz-gestreifte "humuhumunukunukuapuaa". Tja, die hawaiianische Sprache ist schon gewöhnungsbedürftig!

Wir paddelten unter Einsatz unserer Schwimmflossen gemütlich ein gutes Stück auf das Meer hinaus und konnten uns nicht satt sehen an der atemberaubenden Farbenpracht, die sich uns darbot. Die Sonne brach sich im Wasser und sorgte für wunderbare Lichtreflexe. Schließlich staunte ich nicht schlecht, als eine riesige Schildkröte in aller Gemütsruhe an uns vorbeipaddelte. Hier schienen die Tiere gar keine Scheu vor dem

Menschen zu haben, wie wir es aus unserer Heimat kennen.

Das Wasser, die Spiegelungen der Sonne, die Fische und wir verschmolzen. Wir alle waren einfach nur noch wunderbare Schöpfung. Alles schien hier eins zu sein. Ohne unser bewusstes Zutun spürten wir alle, wie unsere Herzen sich weit öffneten.

Der "Spirit of Hawaii" war jetzt für jeden von uns deutlich fühlbar.

Erfüllt von Glückseeligkeit und lachend stiegen wir schließlich aus dem Wasser.

Die kurze Rückfahrt zu unserem "tropischen Unterschlupf" verlief recht schweigsam. Jeder wollte für einen Moment mit seinen Gedanken alleine sein.

Etwa eine Stunde später trafen wir uns alle in der im ersten Stock gelegenen Wohnung von Chris. Wir erreichten diese über eine verwinkelte, stabile Holztreppe auf der uns zwei freundlich dreinblickende Terracotta-Engelchen, liebevoll dekoriert mit hawaiianischen Muschelketten, den Weg wiesen.

Uns stand für die meisten Abende ein hervorragender Catering-Service zur Verfügung und aus der Küche duftete es bereits verlockend. Wolfgang und ich traten hinaus auf den großzügigen Holzbalkon, saßen abwechselnd in dem an der Decke angebrachten freischwingenden Korbsessel, schauten in die langsam untergehende Sonne und konnten unser Glück noch gar nicht fassen.

Im Wohnzimmer wurde inzwischen der Esstisch gedeckt und wir warteten schließlich nur noch auf Melanie die, wie auch an den kommenden Tagen, stets zu spät kam, da sie etwas länger damit beschäftigt war, Ihre schönen blonden Locken besonders dekorativ zur Geltung zu bringen.

Aber erfüllt mit dem "Spirit" und berauscht von der Schönheit Hawaiis verzeiht man, selbst als pünktlichkeitsliebender Mensch, solche klitzekleinen "Macken" nur allzu gerne. Schließlich verbrachten wir einen wundervollen, harmonischen ersten Abend. Aufgeregte Wortfetzen, teils in Deutsch und teils in Englisch, durchdrangen den Raum und wir alle fühlten uns einfach nur wohl.

Schließlich signalisierte Chris, das es Zeit für uns sei, uns in unsere Zimmer zurückzuziehen, denn der Tag beginnt auf Hawaii sehr früh.

Die Delfine haben ihren eigenen Zeitplan und würden auf Langschläfer keine Rücksicht nehmen.

In dieser, wie in den kommenden Nächten wurde ich noch vor eine Herausforderung gestellt. Mit Einbruch der Dunkelheit wurden die Spinnen aktiv und mindestens drei von ihnen krabbelten munter in unserem Zimmer umher. Wenn ich von hawaiianischen Spinnen schreibe, dann meine ich nicht etwa solche Exemplare, wie man sie in Deutschland kennt. Nein, hier hatten wir es mit Giganten zu tun! Giganten, die etwa die vier bis sechsfachen Maße der größten Spinne hatten, die ich je in meiner heimischen Wohnung gesichtet hatte. Chris hatte uns schon auf diese Begegnung vorbereitet und betont, dass die Spinnen, wie übrigens alle Tiere auf Hawaii, völlig harmlos und ungiftig seien.

Im Bett liegend beobachtete ich noch lange im schwachen Mondlicht die Bewegungen der Spinnen an der Wand und hoffte inständig, dass sie sich nicht noch weiter auf unser Nachtquartier zubewegen würden. Gottseidank taten sie mir den Gefallen.

Die ersten Nächte schliefen wir recht unruhig. Hin und wieder riss uns ein Moskitostich aus dem Schlaf, hauptsächlich aber waren es die noch ungewohnten Geräusche und Tierstimmen im tropischen Regenwald.

Manchmal, wenn ich nachts von unserem Bett aus in die Sterne schaute, dann hatte ich das Gefühl, meine geliebte Oma ist jetzt bei mir. Es war ein schönes Gefühl des Geborgenseins und ich freute mich für Oma, dass sie auf diese Weise sogar noch nach Hawaii gekommen ist, was für sie zu Lebzeiten undenkbar gewesen wäre.

Gegen fünf Uhr Morgens wurden wir schon von dem hartnäckigen "Kikeriki" mehrerer Hähne aus dem Schlaf gerissen und wenig später hielt uns hier, entgegen den heimischen Gewohnheiten, nichts mehr in den Betten.

Wir erfrischten uns mit einer Dusche. Diese war an der Hauswand direkt neben dem Treppenaufgang zu Chris´ Wohnung ohne jeglichen Sichtschutz angebracht. Aber in einer solch paradiesischen Umgebung verlieren sich eventuell vorhandene Schamgefühle schnell.

Um zu der Dusche zu gelangen hieß es aber zunächst noch, zahllose Spinnweben zu zerreißen, die über Nacht wie von Geisterhand den ganzen Garten vernetzt hatten. Vergaß man, sich beim ersten Verlassen des Schlafquartiers mit wild fuchtelnden Armbewegungen fortzubewegen, klebte schnell ein Spinnweben mitten im Gesicht.

Jeder bereitete sich selbst sein Frühstück zu, das wahlweise aus frischem Obst oder aus Sandwiches bestand. Heidi sammelte morgens Mangos, die des Nachts teilweise äußerst geräuschvoll auf das Wellblechdach des 3-Mädel-Schlafzimmers heruntergefallen waren. Frischer kann Obst wahrhaftig nicht sein!

An diesem, wie auch am letzten Tag unserer Retreat-Woche, würden wir mit einem Boot an der Küste entlang fahren. Die Wahrscheinlichkeit, hierbei den Delfinen zu begegnen, wurde uns mit 95% angegeben. An allen anderen Tagen würden wir von einer nahegelegenen Bucht aus auf das Meer herausschwimmen und auf die Delfine warten. Die Bucht ist ein Ort, an dem die Delfine sich gewöhnlich nach dem nächtlichen Fischfang noch eine zeitlang spielend aufhalten, bevor sie zum Ausruhen wieder in tiefere Gewässer abtauchen. Die Chance, die Delfine in der Bucht anzutreffen, bezeichnete Chris mit etwa 65%.

Sehr aufgeregt stiegen wir in "unseren" Van, der uns zu einem kleinen Jachthafen nördlich von Kona, transportierte. Roy, der freundliche Kapitän des für uns gecharterten Bootes, wartete dort schon auf uns. Er war ein attraktiver, dunkelhaariger Mann, so um die 30, der das Herz von uns Mädels höher schlagen ließ. Na ja, das Herz der **anderen** Mädels - ich war ja so gut wie vergeben!

Bevor es los ging, mussten wir noch ein Formular unterschreiben, in dem wir bestätigten, dass wir, sollte irgendetwas passieren, die Verantwortung dafür selber tragen.

Roy erklärte uns, was an Bord zu beachten ist, und schon ging es los. Unser Boot verfügte über ein kleines stabiles Dach, das Melanie und Alexandra direkt nutzten, um die Sonne zu genießen und nach den Delfinen Ausschau zu halten. So fuhren wir mit einigem Abstand an der Küste vorbei und alle starrten gebannt auf das Meer. Würde es heute zu einer Begegnung mit den Delfinen kommen?

Roy war über Funk mit anderen Schiffen verbunden. Es besteht unter ihnen ein Abkommen, dass sie sich gegenseitig informieren, wenn jemand Delfine entdeckt. Aufgrund der Nachrichten über Funk änderte Roy einige Male den Kurs. Alle schauten auf das glitzernde Wasser hinaus. Die Spannung stieg von Minute zu Minute und ein Knistern lag in der Luft.

Plötzlich drosselte Roy den Motor und Chris rief entzückt: "Dolphins straight ahead!"

Wir stürzten zum Bug des Schiffes und jetzt sahen auch wir etwa 20 Delfine genau auf unser Boot zuschwimmen.

Roy drehte das Boot in die Richtung aus der wir gerade gekommen waren. Langsam schipperten wir an der Küste entlang und die Delfine schwammen neben unserem Boot mit.

Ruhig und harmonisch glitten sie durch das Wasser und ließen beim Auftauchen immer wieder einen kurzen Blick auf ihre Rückenflossen zu, während sie in Wellenbewegungen durch das glitzernde Wasser glitten.

Die andächtige Stille wurde durch einen Ausruf Wolfgangs unterbrochen: "Hinter uns!"

Da sahen wir, wie die Spinner-Dolphins ihrem Namen alle Ehre machten. "To spin" bedeutet, sich schnell drehen oder herumwirbeln. Und genau das taten die Delfine gerade hinter unserem Boot. Blitzschnell schossen sie aus dem Wasser senkrecht nach oben und drehten sich übermütig mehrere Male um die eigene Achse, bis sie mit einem heftigen Platscher wieder ins Wasser vielen.

Die pure Lebensfreude und der Übermut der Delfine war deutlich spürbar. Vor Begeisterung über ihre Darbietungen jubelten und klatschten wir laut. Dies schien die Delfine zu animieren, immer und immer wieder, sich drehend, aus dem Wasser emporzuschießen. Es war ein wunderbares Schauspiel.

Inzwischen hatte ich alle Bedenken vergessen und nur noch den einen brennenden Wunsch: endlich mit den Delfinen im Wasser zu sein.

Den Anderen ging es genauso wie mir. Chris und Roy warteten noch auf den passenden Moment, um das Kommando zu geben, dass wir uns nun zu den Delfinen in die Fluten stürzen können.

Sie hofften, dass die Delfine ihr Tempo verlangsamen, damit unser erster Tauchgang mehr zu bieten hat als einen flüchtigen Blick auf sich schnell entfernende Schwanzflossen. Wir saßen mit Taucherbrillen und angezogenen Schwimmflossen im Boot und warteten auf das langersehnte Zeichen. Endlich war es soweit und aufgeregt stürzten wir uns ins Wasser. Ein Blick unter Wasser machte deutlich, das hier weitaus mehr Delfine durch das Wasser glitten, als wir vom Boot aus gezählt hatten. Sie waren überall um uns herum. Einige schwammen neugierig in knappem Abstand vorbei, während andere tief unter uns vorbeiglitten. Die Zeit schien still zu stehen. In diesem Moment gab es nur noch die Delfine und mich. Alle Gedanken waren abgeschaltet. Ich nahm die unglaubliche Schönheit war, die sich hier offenbarte. Überall um uns herum war das hohe Fiepen der Delfine zu hören, das die Seele auf so wunderbare Weise berührt. Die Delfine stießen Luftblasen aus, die immer größer wurden, je höher sie an die Wasseroberfläche emporstiegen. Wer das Glück hatte, in diese "bubbles" hineinschwimmen zu können, verspürte einen Energieschauer, der sich über den ganzen Körper erstreckt.

Nach Momenten totaler Glückseligkeit, ich kann nicht sagen, wie lange diese andauerten, denn ich hatte jegliches Zeitgefühl verloren, zogen die Delfine davon - zu schnell, als das wir ihnen hätten folgen können.

So schwammen wir alle zum Boot zurück und nicht nur eine Tauchmaske war von innen feucht durch Tränen des Glücks.

Nachdem wir wieder an Bord waren, redeten wir wie wild durcheinander, denn jeder wollte seine Erlebnisse und Gefühle den anderen mitteilen.

Wieder folgte das Boot den Delfinen, denn wir alle hatten den brennenden Wunsch, die Begegnung mit den wunderbarsten Geschöpfen des Meeres zu wiederholen.

Nach etwa zwanzig Minuten bot sich erneut eine günstige Gelegenheit zu einem Tauchgang.

Ich war so aufgeregt, das ich vergaß, die Tauchermaske von meiner Stirn herab in das Gesicht zu ziehen, bevor ich in das Wasser hineinsprang. Erst unter Wasser wurde mir bewusst, das die

Maske nicht an der richtigen Stelle sitzt. So bemühte ich mich, durch heftige Paddelbewegungen mit den Schwimmflossen, mein Gesicht über Wasser zu halten um die Maske korrekt anziehen zu können. Schließlich saß die Tauchermaske dort, wo sie hingehört. Ich befürchtete schon, durch diese Verzögerung die schönsten Momente versäumt zu haben.

Doch was war das?

Als ich das erste Mal unter Wasser die Augen öffnete, schauten mich aus nicht einmal 40 cm Entfernung zwei braune Delfinaugen gütig an. Ich konnte gar nicht fassen, was da geschehen war. Ein Delfin hatte sich, durch mein wildes Paddeln aufmerksam geworden, aus der Gruppe entfernt und war zu mir herübergeschwommen um zu schauen, ob alles in Ordnung ist.

Als ich nun äußerlich so ruhig, innerlich natürlich mit klopfendem Herzen, auf dem Wasser lag, blieb der Delfin noch einige zauberhafte Sekunden in seiner Position um dann ganz langsam abzudrehen und zu seiner Familie zurückzuschwimmen.

Wieder tauchte jeder von uns mit anderen wundervollen Delfin-Erlebnissen an die Wasseroberfläche auf. Wir beschlossen nun, die Delfine für heute nicht mehr weiter zu behelligen und schipperten, da wir das Boot noch für einige Zeit gechartert hatten, planlos auf dem Meer umher.

Schließlich verspürte eins von den Mädels ein menschliches Bedürfnis. Da es keine Toilette an Bord gab, stoppte Roy die Maschine, damit meine "Delfinschwester" im Wasser erledigen konnte, was es zu erledigen gab. Aus welchem Grund auch immer meinte Roy: "Bleib auf jeden Fall direkt am Boot, das ist sicherer." Wir hatten uns schon sehr weit von der Küste entfernt.

Aus Sympathie sprangen auch Christoph und Wolfgang mit in die Fluten. Während Wolfgang wenig später verkündete: "Ich hab´ schon Pippi gemacht!", tat sich bei meiner "Delfinschwester" rein gar nichts. Die beiden "Jungs" waren schon lange wieder in das Boot zurückgeklettert, als meine "Delfinschwester" immer noch, sich am Boot festhaltend, im Wasser paddelte und auf die "Erlösung" wartete. Doch nichts passierte.

Plötzlich vernahmen wir ihren grellen Aufschrei: "Ein Hai!" und den Bruchteil einer Sekunde später lag sie im Boot und keiner wusste, wie sie so schnell dort hineingekommen sein konnte.

Alle schauten gebannt ins Wasser und tatsächlich sahen wir etwas riesiges Graues unter dem Boot hinwegschwimmen. Auch Christoph meinte zunächst tonlos: "Das ist ein Hai!".

Er korrigierte sich aber schnell, als er feststellte, dass es sich "nur" um einen etwa zwei Meter langen Schwertfisch, einen "Blue Marlin" handelte, der übrigens eine besonders schmackhafte Delikatesse ist.

Roy und Wolfgang sprangen daraufhin ins Wasser, um noch weitere Blicke auf dieses Prachtexemplar erhaschen zu können, das meiner "Delfinschwester" einen solchen Schreck zugefügt hatte.

Wir waren nun einstimmig der Meinung, für heute genug erlebt zu haben und gaben Roy die Order, zum Jachthafen zurückzukehren.

In herrlich gelöster Stimmung genossen wir die Rückfahrt an Bord. Kurz vor dem Einlaufen, direkt im Hafen entdeckten wir einen riesigen Manta-Rochen, der sich offensichtlich hierhin verirrt hatte. Roy legte extra noch einmal dem Rückwärtsgang ein, damit jeder von uns genügend Zeit hatte, den Rochen zu beobachten.

Herzlich verabschiedeten wir uns von unserem Kapitän und bedankten uns für den herrlichen Bootsausflug.

Nur wenige Kilometer vom Jachthafen entfernt steuerten wir dann, per Auto, einen urigen einsamen Strandabschnitt an, an dem Holztische und Bänke aufgestellt waren. Der ideale Platz für ein zünftiges Picknick. Wir waren fast alleine. Nur zwei Jogger, die vermutlich für den "Ironman" trainierten, kämpften sich durch die glühend heiße Mittagssonne.

Mit großem Appetit "verputzten" wir die mitgebrachten Sandwiches, sowie eine große Tüte Chips.

Den Nachmittag und Abend verbrachten wir gemeinsam. Wir konnten gar nicht genug davon bekommen, von unseren heutigen Delfin-Erlebnissen zu schwärmen.

Zwischendurch erzählte Christoph von einigen fesselnden Begegnungen, die er als Fotoreporter an den verschiedensten Ort auf der Welt hatte.

Auch am nächsten Morgen, sowie an jedem weiteren Tag in dieser Woche wurde uns das wunderbare Geschenk gemacht, mit den Delfinen auf "Tuchfühlung" in einer romantischen Bucht gehen zu dürfen. Von einem einsamen, mit Büschen durchsetzten und verwilderten, schwer zugänglichen Strandabschnitt schwammen wir zunächst rund eine halbe Stunde in die offene Bucht hinaus. Christoph begleitete uns jedes Mal mit einem gelben Paddelboot. So konnten wir uns zwischendurch mal am Boot festhalten und ausruhen.

Außer uns gab es noch eine Gruppe von Japanern, die genau wie wir die Begegnung mit den wunderbaren Meeressäugern suchten. Mit Top-Kondition und "High-Tech-Flossen" ausgestattet, schwammen die Japaner hinter den Delfinen her und schafften es knapp, ihnen zu folgen.

Unsere Gruppe wandte eine andere Technik an. Wir hatten festgestellt, dass die Delfine in großen Kreisbewegungen durch die Bucht schwammen und warteten einfach, bis die Delfine wieder an uns vorbeizogen. Wenn sie sich uns näherten, schwammen wir schon auf der Route der Delfine voraus. Schließlich holten sie uns ein, verlangsamten tatsächlich deutlich ihr Tempo und begleiteten uns für einige Minuten, bis sie dann wieder, nur noch verfolgt von den schon keuchenden Japanern, davonschwammen.

Erwartungsgemäß ging den sportlichen Asiaten nach einer knappen Stunde endgültig die Puste aus, so dass wir die Delfine nun wirklich für uns alleine hatten.

Einmal schnorchelten Wolfgang und ich händchenhaltend durch das Wasser, als zwei Delfine fröhlich "Liebe machend" - der eine bäuchlings unter dem anderen - an uns vorbeizogen. Es war uns, als würden sie uns zuzwinkern und sagen:" Ihr wünscht Euch doch ein Kind! Dann schaut genau her! Genauso müsst Ihr es machen!" Wir dankten nickend für die wertvolle Unterweisung und das Liebespärchen schwamm davon.

Am nächsten Morgen hatten die Delfine eine wunderschöne Überraschung für uns bereit.

Sie warteten schon in der Bucht auf uns. Als wir hinausschwammen, kamen sie uns freudig entgegen, begleitet von zwei winzigen Delfin-Babies, die über Nacht geboren worden waren.

Die erwachsenen Delfine benahmen sich heute ganz anders als an den Tagen zuvor. Übermütig umkreisten sie den Nachwuchs und sprangen in wilden Pirouetten aus dem Wasser, um ihrer maßlosen Freude über die Neugeborenen Ausdruck zu verleihen.

Auch wir waren überwältigt vor Glück, dass wir dieses Schauspiel erleben durften. Wir lachten übermütig, als wir beobachten, wie die Winzlinge sich bemühten, aus dem Wasser herauszuspringen und es den Eltern gleichzutun. Nach einigen misslungenen Bauchplatschern der Kleinen schafften diese es schließlich, die ersten passablen Pirouetten zu springen.

Die Tage vergingen viel zu schnell. Morgens schwammen wir regelmäßig mit unseren neuen Freunden. Nachmittags stand "sightseeing" auf dem Programm. Wir besuchten einen Laden, in dem es den berühmten "Kona-Kaffee" zu kaufen gab und erhielten von den deutschen Eigentümern einen Vortrag über den Kaffeeanbau. In Honalo besichtigten wir die Daifukujii Soto Mission, einen buddhistischen Tempel. Auch führte unser Weg uns zu einer der, für die Insel typischen, Macadamia-Nuß-Farmen. Beeindruckt hat mich auch der Besuch der "Painted Church". Sie verdankt ihren Namen der aufwendigen Innenbemalung. Ein belgischer Missionar versah die Wände nicht nur mit hawaiischen Motiven, sondern auch mit Bibelszenen, um den Einheimischen auf diese Weise das Christentum näher zu bringen.

Ein besonders beeindruckender Ort auf Big Island ist für mich der Puuhonua o Honaunau

National Historical Park, den man über die schmale Puuhonua Road erreicht.

Dieser Ort war in althawaiianischen Zeiten eine heilige Zufluchtsstätte. Damals herrschte ein sehr strenges Tabu-System. Verstieß man gegen ein Verbot, ein "kapu", so wurde dies meistens mit dem Tod bestraft. Gelang es dem Sünder jedoch, seinen Verfolgern zu entkommen und diesen heiligen Zufluchtsort zu erreichen, so wurde er von den dort ansässigen Priestern von seinen Vergehen freigesprochen und durfte unbehelligt nach Hause zurückkehren.

Das deutsche Wort "Tabu" ist übrigens von dem hawaiianischen Wort "kapu" abgeleitet und das einzige deutsche Wort, welches hawaiianischen Ursprungs ist.

An dieser heiligen Stätte hat die Lava, als sie einst ins Meer floss, Wasserbecken gebildet.

Diese dienten als Ort der Reinigung von Sünden.

Chris regte an, das auch wir um Vergebung bitten sollen. Und so sammelten wir für jede unserer Sünden einen Stein.

Jeder für sich schritt dann, mehr oder weniger mit Steinen bepackt, langsam an dem eindrucksvollen Lavastrand entlang und schließlich setzten wir uns in eins der Wasserbecken.

Hier bat jeder von uns still um Vergebung und ließ nach und nach die gesammelten Steine, die für die jeweiligen Sünden standen, auf den Grund der

Wasserbecken sinken. Während wir dort saßen, ging die rote Sonne eindrucksvoll im Meer unter und zauberte Lichtreflexe auf das Wasser, wie es sie wahrscheinlich nur an diesem besonderen Ort in dieser Art gibt. In der Ferne hatten wir den Blick auf einen Regenbogen, der noch sanft von den letzten Sonnenstrahlen erhellt wurde.

Das Farbenspiel der untergehenden Sonne war so perfekt, dass es schon fast unwirklich anmutete. Ja, dieser Ort war wirklich etwas ganz besonderes für uns alle!

Nach vier Tagen musste unser neuer Freund Christoph leider vorzeitig abreisen, weil berufliche Aufgaben auf ihn warteten. Ich bin sicher, das jeder Einzelne von uns Christophs Abreise zutiefst bedauerte.

Es gab einen rührigen Abschied, bei dem wir uns alle gegenseitig überraschten und beschenkten.

Die Erde lebt!

Natürlich machten wir "Übriggebliebenen" das Beste aus der Situation. Am Morgen nach Christophs Abreise fuhren wir zum Volcanoes National Park. Das Gebiet reicht von dem über 4000 m hohen Mauna Loa bis hinunter an die Küste, wo sich die Lavaströme aus Spalten des Kilauea-Kraters ins Meer ergießen.

Während unserer Autofahrten hörten wir oft Musik des auf den hawaiischen Inseln sehr bekannten Sängers Keali'i Reichel. Besonders das Lied "wanting memories" war uns in den vergangenen Tagen ans Herz gewachsen. Und so entstand die Idee, dass wir, wann immer wir dieses Lied hören, an uns und unsere wunderbare gemeinsame Zeit zurückdenken sollen. Die Anregung wurde von allen begeistert aufgenommen und wir "schmetterten" "wanting memories" aus voller Kehle.

Am Kilauea Visitor Center legten wir einen kurzen Stopp ein, um dann ganz in der Nähe zu einer etwa einstündigen Wanderung durch den Nationalpark aufzubrechen. Hier war die Vulkantätigkeit deutlich spürbar. Wir fühlten, die Erde lebt! Überall um uns herum drang Regenwasser durch Spalten in den schwefelhaltigen Boden ein, erhitzte sich, und trat als Schwefeldampf oder Wasserdampf wieder aus. Die nebelige Atmosphäre und der Geruch nach Schwefel muteten teilweise sehr gespenstisch an.

Der Boden war hauptsächlich mit verschiedenen Büschen, Farnen und den typischen Ohia-Lehua-Bäumen bewachsen. Die roten sternförmigen Lehua-Blüten wurden im alten Hawaii der Feuer- und Vulkangöttin Pele zugeordnet und verehrt. Wir machten uns bewusst, dass Pele nicht nur die wütende, zerstörende Gottheit ist, sondern dass das Feuer – sinnbildlich für den Ausbruch von starken Gefühlen - auch eine positive und heilende Seite hat.

Feuer steht auch für die Leidenschaft, die in uns lebt und nicht unterdrückt werden darf. Alles im Leben hat zwei Seiten.

So hing jeder von uns in sich gekehrt noch eine zeitlang seinen eigenen Gedanken nach.

Mit dem Auto fuhren wir schließlich weiter, bis wir zu einem gigantischen Vulkankrater gelangten, der auch heute noch aktiv ist.

Abgesehen von einigen, vereinzelten Grashalmen gab es hier keine Vegetation mehr. Dichter, unheimlicher Nebel stieg aus Felsspalten empor. Es roch nach Schwefel. Wir hockten uns um eine der dampfenden Felsspalten herum und hielten unsere Hände in den aufsteigenden Nebel, um die beeindruckende Hitze des Wasser- und Schwefeldampfes spüren zu können.

Ich stellte fest, dass auch der Lavaboden, auf dem wir standen, glühend heiß war. Langsam löste sich die Gummisohle von meinen Wanderschuhen.

In dieser Umgebung fiel es natürlich leicht, sich Mutter Erde, ganz im Sinne der hawaiianischen Kultur, als etwas Lebendiges vorzustellen. Überall um uns herum brodelte und dampfte es. Die Erde war aktiv.

Unter der Führung von Chris entfernten wir uns von den ausgewiesenen Touristenwegen. Wir mussten sehr vorsichtig sein, denn an vielen Stellen war die Lavadecke sehr dünn und drohte beim Betreten einzubrechen.

Zielstrebig lotste Chris uns zu einem hervorstehenden Felsen, der wie ein überdimensionales Ei aussah. Erst als wir direkt davor standen, entdeckten wir, dass es an der uns zuvor abgewandten Seite einen Eingang gab. Das "Ei" war innen hohl. Wir standen direkt vor einer uralten, heiligen Kultstätte der Hawaiianer.

Wolfgang wollte begeistert mit seiner Videokamera in das "Ei" hineinfilmen, aber Chris schob seine Kamera beiseite. Dieser Ort sei zu heilig für Videoaufnahmen, meinte sie. Wir sollten die Bilder lieber mit unserem Herzen aufnehmen.

Schließlich nahmen wir alle im Inneren des "Eies" auf dem Boden Platz.

Chris begann zu beten. Erst hawaiianisch und dann in Englisch. Sie bat mich, zu übersetzen.

Sie hatte für jeden von uns ein Gebet, das auf die jeweilige Lebenssituation genau zugeschnitten war.

Zwischendurch sagte sie immer wieder, fast beschwörend, hawaiianische Verse auf. Es lag etwas Erhabenes, Spirituelles in der Luft.

Chris bat auch um Segen für Wolfgangs und meine bevorstehende Eheschließung. Sie wählte so feierliche Worte, dass meine deutsche Übersetzung vor Rührung öfters stockte. Draußen zogen weiterhin Nebelschwaden vorbei.

Schließlich konnte ich nicht mehr weiter übersetzen. Tränen des Glücks und der Rührung liefen über meine Wangen. Auch Wolfgang hatte feuchte Augen. Wir sahen uns an und dachten beide das Gleiche.

Hier in dieser kleinen Höhle, umgeben von Lavagestein, hatten wir das Gefühl, für immer zusammenzugehören. Dies würde unsere heimliche, inoffizielle Eheschließung sein.

Nach weiteren Gebeten und Danksagungen "pellten wir uns langsam wieder aus dem Ei heraus".

Was war das? Vor uns tat sich, eingehüllt in Nebel, ein gigantischer Regenbogen auf. Wenn das kein deutliches Zeichen war!

Wir fielen uns alle in die Arme und waren sprachlos vor Glück.

Hula zum Abschied

Für einen unserer letzten Tage hatte sich Chris etwas Besonderes ausgedacht. Eine ihrer Freundinnen besuchte uns, und gab uns auf dem idyllischen Balkon, der zu Chris' Wohnung gehört, eine Hula-Tanz-Stunde.
Jede von uns Mädels und auch Wolfgang, der für Tanzen immer zu haben ist, erhielt erst einmal stilgerecht einen Blumen-Lei und wir steckten uns Blüten in das Haar. So ausgestattet, konnte der Unterricht beginnen. Viel zu schnell verging für mich die Zeit und ich war mit absoluter Begeisterung und rotglühenden Wangen bei der Sache.

Als die Tanzschritte zu dem Lied "Kona Moon" einstudiert waren und wir noch einige Male zu diesen Klängen tanzten, überkam mich, wie schon am ersten Abend auf Big Island, das Gefühl, dass der Hula-Tanz für mich eine besondere Bedeutung hat.

Es mag merkwürdig klingen, aber meine Glücksgefühle beim Hula-Tanzen waren noch intensiver als bei der Begegnung mit den Delfinen. Tagelang summte ich "Kona Moon" vor mich hin und wiederholte in Momenten, in denen ich mich unbeobachtet fühlte, die gelernten Tanzschritte.

Nachdem wir auch Chris in den vergangenen Tagen ins Herz geschlossen hatten, sprachen

Wolfgang und ich darüber, dass wir es nun beide bedauern, dass wir uns entschlossen haben, in Honolulu zu heiraten.

Es schien uns inzwischen die falsche Wahl zu sein. Wie sehr wünschten wir uns nun, dass die uns so vertraute Chris anstelle eines uns noch nicht bekannten Friedensrichters unsere Trauung vornehmen würde. Eines Abends setzte ich Chris von unseren Gefühlen in Kenntnis.

Die gemeinsame Woche endete mit einem wundervollen Tag, an dem wir noch einmal mit Roy auf das Meer hinaus fuhren und ausgiebig mit den Delfinen schwammen.

Abends fuhren wir alle gemeinsam nach Kailua-Kona wo wir im "Huggo's", direkt am Meer sitzend, bei einigen "Sundowner"-Cocktails einen sensationellen Sonnenuntergang beobachten durften.

Eine Hula-Tänzerin wiegte ihre Hüften zu den Klängen einer hawaiianischen Live-Band, die Palmen rauschten im Wind und wir waren rundum glücklich und zufrieden.

Für Wolfgang und mich schloss sich hier der Kreis, denn das "Huggo's" befindet sich direkt neben dem "Royal Kona Resort" in dem unser Aufenthalt auf Big Island begann.

Gerne dachten wir noch einmal an den Landeanflug auf die Insel, das "luau" am ersten Abend, die

Hula-Tänze und unseren Zimmernachbarn Larry zurück.

Plötzlich meldete sich Chris zu Wort. Sie sagte, Wolfgangs und mein Wunsch, nun doch von ihr getraut zu werden, habe sie sehr beschäftigt. Auch wir wären ihr ans Herz gewachsen und es wäre ihr eine besondere Ehre, unsere Hochzeitszeremonie zu vollziehen. Am Tag unserer Hochzeit, dem 05.09.2001, sei sie "zufällig" sowieso in Honolulu. Und zwar begleite sie eine Gruppe von Frauen zu einem Retreat nach Toga. Am 05.09. würde die Gruppe in Honolulu übernachten.

Hinzu käme, dass ihre erste Ehe – die allerdings leider scheiterte – aber das habe nichts zu sagen – auch an einem 05.09. geschlossen wurde.

Kurzum, alle diese Zeichen hätten sie zu der Entscheidung veranlasst, alles daran zusetzen, dass sie uns in Honolulu trauen kann. Wir sollten ihr bitte die Adresse der zuständigen Agentur mitteilen, damit sie sich mit dieser in Verbindung setzen kann. Eventuell würden wir sogar noch Geld zurückbekommen.

Wir waren überglücklich über Chris' Entscheidung und Melanie, Heidi und Alexandra freuten sich mit uns.

So ging diese Woche genauso sensationell zu Ende, wie sie begonnen hatte. Uns allen war klar, dass wir nicht mehr dieselben waren, als die wir vor wenigen Tagen zusammen gekommen waren. Unser aller Herz war nun reicher – erfüllt vom

"Spirit" Hawaiis und der Liebe zu den Delfinen – und von der gegenseitigen Verbundenheit zu unseren "Delfin-Brüdern" und "-Schwestern". Und speziell in meinem Herzen war ein Eckchen fest reserviert für den gefühlvollen, harmonischen Hula-Tanz.

Maui, die magische Insel

Gegen Mittag des darauffolgenden Tages saßen Wolfgang und ich in einer Maschine von "Aloha-Airlines", unterwegs zum nächsten Abschnitt unserer Reise - diesmal auf der Insel Maui.

Einer alten hawaiianischen Sage nach schien die Sonne auf Maui nicht immer so lange und intensiv wie heutzutage. Es herrschten im wahrsten Sinne des Wortes "düstere Zeiten". Denn vor vielen, vielen Jahren kam die Sonne nur für ganz kurze Zeit aus dem Meer empor, um dann wenig später wieder darin zu versinken. Es gab zu wenig Licht, um einer Arbeit nachzugehen und auch die lebensnotwendigen Taro- und Süßkartoffelpflanzen wollten nicht gedeihen, weil das Sonnenlicht fehlte. Auch war es sehr kalt, da die wärmenden Sonnenstrahlen fast ausblieben. Deswegen herrschte auf der Insel große Not.

Der Halbgott Maui schlich sich daher eines Tages auf den größten Berg der Insel, um dort mit einem Lasso die Sonne einzufangen, was ihm mit viel List und Tücke auch gelang.

Die Sonne flehte um Gnade und wurde erst wieder freigelassen, als sie gelobt hatte, ihren Weg aus dem Meer und wieder dorthin zurück künftig langsamer anzutreten und der Insel für eine lange

Zeit am Tag ihre wohltuende Wärme und das Licht zu schenken.

Sie Sonne hielt sich fortan an ihr Versprechen. Zu Ehren des Halbgottes Maui wurde die ganze Insel nach seinem Namen benannt und der hohe Vulkan auf der Insel, auf dem die Sonne eingefangen wurde, hieß künftig Haleakala. Das bedeutet "Haus der Sonne".

Nachdem wir Honeymooner - nach kurzer Flugzeit - wieder Boden unter den Füßen hatten, holten wir unseren Leihwagen ab, den wir bereits von Zuhause aus gebucht hatten. Das klappte erstaunlich schnell und reibungslos. Dann machten wir uns unter Zuhilfenahme einer Karte auf den Weg zu dem Hotel, das in der kommenden Woche unser Quartier sein sollte. Das "Ohana Maui Islander" befindet sich in zentraler Lage im romantischen ehemaligen Walfängerort Lahaina.

Lahaina (wörtlich übersetzt "gnadenlose Sonne") kann auf eine bewegte Geschichte zurückblicken und war sogar einmal die Hauptstadt aller hawaiianischen Inseln.

Nachdem wir unsere Koffer im Zimmer abgestellt hatten, bummelten wir entlang des Hafens und entdeckten zahlreiche Erinnerungen an die glorreichen Zeiten Lahainas als Pazifikhafen Nummer eins. Wir bestaunten die Replik des Zweimastschoners "Cathagian" der im 19. Jahrhundert Waren zwischen Asien und der Ostküste

Amerikas hin und her transportierte, sowie das legendäre "Pioneer Inn", eine Gaststätte, die noch ganz im Zeichen der Walfängerjahre steht.

Im Ortzentrum, im Schatten des riesigen Banyan-Baumes, führte eine Hula-Klasse, bestehend aus etwa fünf- bis 10jährigen Mädchen hawaiianische Tänze auf. Es war eine Freude zuzusehen, mit welcher Begeisterung die Mädchen bei der Sache waren und wie sich ihre Hüften im Rhythmus der Musik bewegten.

Dann entdeckten wir die Front Street mit ihren historischen Gebäuden, deren Charme man sich schwer entziehen kann. In liebevoll eingerichteten Läden kann man dort alles erstehen, was ein Touristenherz höher schlagen lässt. Auch zahlreiche Restaurants sind hier zu finden.

Fast jeden Abend gegen 18 Uhr saßen wir, bei hawaiianischer Live-Musik, im "Kimos" direkt am Meer, schlürften einen Cocktail und bewunderten die sensationellen, glutroten Sonnenuntergänge und den schönen Ausblick auf die Nachbarinseln Molokai und Lanai. Es war fast zu kitschig schön, um wahr zu sein.

Trotz all dieser Schönheit rings um uns herum weilten unsere Gedanken jedoch sehr häufig noch bei unseren neuen Menschen- und Delfinfreunden. Zu fantastisch war das Erlebte, als dass wir es schon hätten verarbeiten können.

Mit unserem Leihwagen erkundeten wir in den nächsten Tagen die ganze Insel. Wir rollten über die kurvenreiche Küstenstraße in Richtung Hana, vorbei an Wasserfällen und durch tropische Vegetation, wir tranken bei einer Rast den ersten Zuckerrohrsaft unseres Lebens, besuchten den Haleakala-Krater, das "Haus der Sonne" und fuhren vorbei an den West Maui Mountains.

Im Hochland, an den Westhängen des Haleakala-Kraters mit seinem Wiesen- und Weideland fühlten wir uns in den amerikanischen Wilden Westen versetzt. Eine Rast machten wir hier im romantischen "Mamas Cafehaus". Und während wir in unserem Auto so dahinfuhren dudelte es aus dem CD-Player die ganze Zeit "wanting memories".

Im perfekt angelegten "Maui Ocean Center" informierten wir uns über die Meeresbewohner des Pazifischen Ozeans. Besonders angetan hatten es mir die Riesenschildkröten, die mit ihren gemächlichen Bewegungen bewirkten, dass eine tiefe Ruhe und ein innerer Frieden in mein Herz einzogen. Nur mit viel Überredungskraft gelang es Wolfgang, mich schließlich von den Schildkröten wegzubekommen. Es war höchste Zeit aufzubrechen, denn den Sonnenuntergang im "Kimos" wollten wir uns auch an diesem Tag nicht entgehen lassen.

Highlights dieser Woche waren auch zwei Bootsausflüge. Da war zum einen ein zweistündiger Segeltörn mit der "America 2" bei dem wir sehr viel Spaß hatten. Dieser Trip ist jedoch nur für hochseetaugliche Segler geeignet. Klatschnass von der aufbrausenden Gischt und mit ziemlich viel Adrenalin im Blut kehrten wir von diesem Ausflug zurück.

Der zweite Boots-Trip verlief ganz gemütlich. Mit dem Katamaran "Paragon" schipperten wir zu einem Picknick auf der nahegelegenen Insel Lanai. Wir genossen die Sonne und das Meer und hielten sehnsuchtsvoll Ausschau nach Delfinen, die sich uns aber leider nicht zeigen wollten.

Auf der Rückfahrt zum Hafen von Lahaina kamen wir mit einem deutschsprachigen Pärchen ins Gespräch. Es waren die Österreicher Michael und Kerstin.

Beide erzählten begeistert, dass sie vor wenigen Tagen in Honolulu geheiratet hatten. Sie berichteten von einer Deutschen namens Dagmar, welche die Trauung durchgeführt hatte. Da wussten wir noch nicht, dass genau diese Dagmar in unserem zukünftigen Leben eine wichtige Rolle spielen würde.

Doch eins nach dem anderen!

Zunächst einmal genossen wir bei Rotwein und Mai-Tai die letzten Minuten auf der "Paragon".

Der Blick vom Meer aus auf den romantischen Hafen Lahainas und die dahinterliegenden Berge ist einfach sensationell und wird mir sicher für immer in Erinnerung bleiben.

Ich stand mit meinem Rotwein, leicht "betüddelt", an der Reling und sagte immer wieder mit einem breiten Grinsen im Gesicht: "Es ging uns schon schlechter!" und Wolfgang, Kerstin und Michael stimmten mir ohne Einschränkung zu.

So ging auch diese schöne Urlaubswoche zuende.

Die Blumeninsel Kauai

Ein Flugzeug von "Aloha-Airlines" brachte uns am nächsten Vormittag zu der ältesten der großen hawaiianischen Inseln.

Kauai wird wegen ihrer üppigen tropischen Vegetation auch "die Blumeninsel" genannt wird.

Wir hatten uns hier eine Top-Ferienanlage gegönnt, die im Süden der Insel in Poipu in der Nähe des Meeres-Geysirs "Spounting Horn" liegt.

Auf allen Pazifikinseln ist es üblich, sich die Schuhe vor Betreten einer Wohnung auszuziehen und im Haus barfuss herumzulaufen. Auch am Eingang unseres neuen Feriendomizils prangte ein Hinweisschild mit einer diesbezüglichen freundlichen Bitte, der wir gerne nachkamen.

Unser großzügiges, freundlich eingerichtetes Appartement verfügte über eine herrliche Terrasse mit Blick auf die pralle Vegetation, in der hier Palmen und Kakteen dominierten.

Da unsere Unterkunft auch über Fernseher und Videorekorder verfügte, hatte ich hier endlich die Gelegenheit, die bereits auf Big Island erstandenen Hula-Lernvideos anzuschauen und direkt mitzuüben.

Vom Fernseher und meinen Hula-Lernvideos konnte ich mich nur schwer losreißen. Es war wie ein innerer Zwang, immer noch einen weiteren Hula-Grundschritt einzuüben.

Die hawaiischen Namen der Schritte wie "kaholo", "holoholo", "uwehe" und "hela" schwirrten in meinem Kopf herum. So hatten noch nicht unsere Koffer ausgepackt, als ich schon zu einem ersten hawaianischen Lied, dem "Hukilau Song", mittanzen konnte.

Die vorbildlich gepflegte, ruhige und weitläufige Hotel-Anlage, eine ehemalige Zuckerrohr-Plantage, in der wir in diesen Tagen wohnten, war in vielerlei Hinsicht ein Augenschmaus. Hier gab es große Teichanlagen voller Seerosen, Orchideengärten, eine Vielzahl landestypischer Pflanzen und perfekt gepflegte Rasenanlagen, die schließlich am hauseigenen Strandabschnitt endeten.

Das Meer bot hier Gelegenheit zum Wellenreiten, Schnorcheln und Schwimmen.

Die Tier- und Naturliebe der Hawaiianer wurde uns bei einem Spaziergang an unserem ersten Tag auf Kauai deutlich vor Augen geführt. Nicht weit von unserer Hotelanlage entfernt war ein Seelöwin mit ihrem Jungen an Land gekommen. Sofort wurde, ungeachtet einiger teilweise unwilliger Touristen, der gesamte Strandabschnitt weitläufig abgesperrt, damit die Seelöwen sich nicht gestört fühlen.

Wenig später eilte ein geschäftstüchtiger Einheimischer mit einem Fernglas herbei, das er für einen Dollar pro fünf Minuten an Touristen vermietete, die einen genaueren Blick auf die Seelöwen werfen wollten.

Aufgefallen war uns, dass es auf Kauai zahllose wildlebende Hühner gab. Wir erfuhren, dass 1992 ein Hurrikan über die Insel fegte und sehr großen Schaden anrichtete.

Speziell die Filipinos, die auf der Insel leben, halten sich Hühner in Bambus-Käfigen. Diese Käfige mitsamt den Hühnern wurden quasi "vom Winde verweht" - und seither erfreuen sich zahllose Hühner auf der Insel ihres freien Lebens.

In Anbetracht der vielen beeindruckenden Erlebnisse, die dieser Urlaub bereits für uns bereitgehalten hatte, stellte sich inzwischen eine leichte Reizüberflutung bei uns ein. Zwei Herzen schlugen in unserer Brust. Einerseits wollten wir uns nichts von den Schönheiten entgehen lassen, die diese Insel zu bieten hat, anderseits gab es ein kleines Problem. Wir waren einfach nicht mehr aufnahmefähig.

Daher ließen wir es auf Kauai relativ gemütlich angehen, indem wir viele lange Strandspaziergänge unternahmen. Ausflüge zum grandiosen Waimea Canyon und zur gigantischen Na Pali - Küste, dort wo auch die Außenaufnahmen zu Steven Spielbergs Dinosaurierfilm "Jurassic Park" entstanden, ließen wir uns jedoch nicht entgehen.

Das beeindruckendste Erlebnis auf Kauai war für uns ohne Zweifel ein Helikopterflug über die Insel. Der einheimische, etwa 50jährige Pilot erklärte uns während des eineinhalbstündigen Fluges alles Wissenswerte über die Insel. Seine Worte waren voll von Liebe und Respekt für dieses wunderbare Eiland und ich bedauerte zutiefst, dass mein englischer Wortschatz Lücken aufwies und ich somit nicht alles ganz genau verstand. Ich wollte jedes einzelne Wort aufsaugen und für immer in meinem Herzen verschließen.

Mit seinem kleinen und beweglichen "Fluggefährt" steuerte der Pilot zahlreiche Wasserfälle und tiefe Schluchten aus allernächster Nähe an. Er blieb dort einfach in der "Luft stehen", bis wir die Naturschönheiten genau betrachtet und alles auf Video aufgenommen hatten. Die Farben der Insel wirkten unglaublich intensiv und klar. Es gab das Rot und Braun der Felsen, die in verschiedenen Grüntönen bewaldeten Berge, cremefarbene Sandstrände, die schneeweiße Brandung und die verschiedenen Blautöne des Meeres.

Wir konnten uns gar nicht satt sehen an dieser Farbenpracht. Als wir nach unserem spektakulären Helikopterflug wieder festen Boden unter den Füssen hatten, waren wir so aufgeregt, dass wir noch keine Lust verspürten, in unsere ruhige Ferienanlage zurückzukehren.

In unserem Reiseführer lasen wir von der klassischen Touristenfalle Kauais, der Flussfahrt auf dem "Wailua River" mit anschließendem Besuch der Farngrotte.

"Die Bootsfahrt auf dem Fluss und die Grotte sind noch recht schön," so der Reiseführer, "aber der Rummel und die schmalzigen Gesänge der hawaiianischen Maiden sind für den normalen Magen etwas zu viel."

Für uns hörte sich dieser Trip nach viel Spaß an und so machten wir uns - trotz der nicht gerade freundlichen Beschreibung durch den Reiseführer - mit unserem Mietwagen auf den Weg zu dem besagten "Touristenmagneten".

Aber was war das denn? Waren wir falsch hier? So sehr wir uns auch anstrengten, wir sahen weit und breit keine anderen Touristen. Wolfgang und ich waren der einzige, weithin sichtbare "Touristenrummel".

Vor uns lag friedlich der etwa 25 Meter breite Wailua River und an der Anlegestelle schlummerten unzählige überdachte Boote mit langen Sitzreihen, doch alles war leer. Es gab eine größeres Bootshaus, das wir nun über eine lange Treppe betraten.

Auf Holzbänken saßen idyllisch zwei junge, recht füllige hawaiianische Frauen in blauen Blumenkleidern und flochten Blumengestecke für ihr Haar. Sie nickten uns freundlich zu, als wir näher kamen. Wir entdeckten eine Kasse, die anscheinend auf größere Besucherströme ausgelegt war.

Doch von dem im Reiseführer angekündigten Trubel fehlte immer noch jede Spur.

Komisch, wir waren schon irgendwie enttäuscht, da wir mutmaßten, dass nur für uns zwei bestimmt keines der riesigen Boote in Richtung Farngrotte auslaufen würde.

Die Dame an der Kasse bestätigte jedoch zu unserer Verwunderung, dass in 10 Minuten eines der Boote losfahren würde. So lösten wir zwei Tickets und setzten uns schon einmal in das entsprechende Boot. Es war sehr karg ausgestattet, bot aber durch lange Sitzreihen Platz für mindestens 250 Personen. Bei dieser Auswahl konnten wir uns gar nicht entscheiden, wo wir uns hinsetzen sollen. Schließlich entschieden wir uns schulternzuckend für Plätze in der ersten Reihe, schauten auf das ruhige Wasser hinaus und warteten gespannt darauf, was nun passieren würde.

Wenige Minuten später betraten zwei amerikanische Touristen das Boot, ein Mann und eine Frau. Sie beachteten uns aber nicht weiter, denn anscheinend hatten sie gerade genug mit sich selber zu tun. Wir bekamen Wortfetzen mit, die auf einen ordentlichen Ehekrach schließen ließen. Etwas später setzte sich die Frau weit entfernt von ihrem Mann auf einen einsamen Platz, während er nervös und mit offenem Mund laut schmatzend Kaugummi kaute.

Schließlich erschienen die beiden blaugewandeten Hawaiianerinnen mit inzwischen fertiggestelltem wunderschönen Haarschmuck, ein Hawaiianer mit einer Gitarre und ein weiterer Mann, der das Boot wohl steuern würde, an Bord. Das Boot wurde zum Auslaufen vorbereitet. So ein Riesenboot für vier Passagiere?

Dann war plötzlich ein hohes Schnattern zu vernehmen. Eine riesige Horde von Japanern stürmte auf das Boot zu. Der Menschenstrom wollte gar nicht mehr abreißen.

Aufgeregt redeten sie in ihrer für mich hart und abgehackt klingenden Sprache durcheinander. Jeder von ihnen war mit einem Sonnenhut und einem hochwertigen Fotoapparat oder einer Videokamera ausgestattet. Wenn man im Zusammenhang mit Mallorca gelegentlich von der "deutschen Besetzung der Insel" spricht, so musste der Wailua River fest in japanischer Hand sein. Immer noch strömten weitere Japaner auf das Boot und es gab schon kaum noch Sitzmöglichkeiten. Da hatten wir nun den im Reiseführer angekündigten Touristenrummel.

Jetzt fehlten nur noch die versprochenen schmalzigen Gesänge. Das Boot legte ab. Eine der hawaiianischen Frauen zog ihre Lippen mit einem Lippenstift nach und zauberte aus einem Schrank, der in die Bootswand eingelassen war, eine Ukulele hervor. Dies ist eine kleine, nur viersaitige Gitarrenart, die ursprünglich aus Portugal kommt. Auf polynesisch heißt Ukulele übrigens: "Hüpfender Floh".

Aha, nun würde die Show gleich los gehen. Der Hawaiianer mit der Gitarre war der Witzbold der Musik-Truppe. Er versuchte mit einigen, natürlich in englisch vorgetragenen Späßchen die Stimmung aufzuheitern. Er hatte jedoch ein kleines Problem. Keiner lachte. Obwohl das Boot fast schon mit Menschen überfüllt war, erfolgte aus den Reihen der japanischen Touristen keinerlei Reaktion auf die vorgetragenen Kalauer.

Drei Gags später war der Witze-Erzähler schon ziemlich fertig mit der Welt.

"Okay,", meinte er schließlich, "wer von Euch versteht mich?"

Ich meldete mich als Einzigste, denn die beiden Amerikaner waren immer noch mit ihrem Ehekrach beschäftigt, Wolfgang hatte die Frage nicht verstanden und auch von den zahlreichen Japanern sprach anscheinend kein einziger Englisch.

Ich fand die Situation zum Schreien komisch. Der verhinderte hawaiianische Komiker sah vom Vortrag weiterer Gags ab und begann nun die Gitarre zu zupfen. Eine der beiden Hawaiianerinnen spielte Ukulele und alle drei sangen sie, schön schmalzig, wie im Reiseführer versprochen.

Abwechselnd gaben die beiden einheimischen Frauen ihre Tanzkünste zum Besten, jedoch ohne sich dabei ernsthaft zu verausgaben. Dennoch, wo Hula getanzt wird, da fühle ich mich wohl, und so genoss ich die Vorstellung trotz einiger darstellerischer Unzulänglichkeiten.

Der absolute Höhepunkt der kleinen Vorführung auf dem Flussboot war jedoch, dass wir Touristen aufgefordert wurden, zu einem kleinen Hula spontan mitzutanzen.

Das Ganze lief dann so ab: Da wir zwei Deutsche und die beiden Amerikaner eindeutig auf diesem Touristenkahn in der Minderheit waren und deshalb nichts zu sagen hatten, fühlte sich die Leiterin der japanischen Reisegruppe aufgefordert, vor das Mikrofon des Sängers zu treten.

Im preußisch anmutenden, knarrigen, abgehackten Befehlston, der keinerlei Widerspruch duldete, forderte die Oberjapanerin ihre Schutzbefohlenen mit harschen Handbewegungen auf, von den Sitzen aufzustehen.

Ein zusätzlicher, stechender Blick in unsere Richtung, der Tote zum Leben erwecken könnte, ließ uns ebenfalls gehorsam aufstehen. Nur der kaugummikauende Cowboy ließ sich nicht einschüchtern. Die stramme Reiseleiterin erklärte ihren Japanern und uns - wir verstanden natürlich kein Wort - was nun von uns erwartet wird: Kollektive Hula-Unterrichtsstunde. Keine Chance für Drückeberger, Unmusikalische oder sonstige Desinteressierte. Die resolute, kleine Dame hatte alles und jeden fest im Blick. Es gab kein Entrinnen - außer, man sprang über Bord - alle mussten nun Hula tanzen.

Nach den einleitenden Worten der Gruppenführerin fing nun die hawaiianische Musikertruppe an, uns den Hula-Tanz beizubringen. Wolfgang hatte doch noch einen Ausweg aus dem Hula-Tanzzwang gefunden. Er schnappte sich die Videokamera und spielte Kameramann. „Frau General“ nickte gnädig. Wolfgang durfte.

Die meist unbeholfenen Verrenkungen der japanischen Touristen, die unter anscheinend größter Kraftanstrengung und mit höchster Konzentration ausgeführt wurden, gehören zu den Highlights unseres Urlaubsfilmes. Von dieser Sequenz können wir gar nicht genug bekommen, so witzig fanden wir das Ganze.

Na gut, ich gebe es zu! Ich habe ja ebenfalls mitgetanzt und auch über meine Tanzversuche auf dem schwankenden Boot habe ich herzlich lachen müssen!

Nach etwa 20 Minuten Flussfahrt, vorbei an einer Sumpflandschaft mit halbhohen Büschen und musikalisch untermauert von leicht schrägen hawaiianischen Klängen, legten wir in der Nähe der Farn Grotte im Wailua River State Park an.

Ein ausgetretener Pfad leitete uns, angeführt von den Hawaiianern und gefolgt von den Japanern, durch einen dichten Dschungel und mitten durch eine herrliche Blumenpracht. Auf einem asphaltierten Vorplatz der Farngrotte blieben wir stehen. Von hier aus hatten wir in Reihen die Gelegenheit, die Farngrotte zu betreten.

Es handelte sich, wie der Name schon sagt, um ein Grotte, wobei von oben meterlange Farne herabrankten. Auch einen Wasserfall gab es hier. Wir machten also in "Reih' und Glied" unseren Rundgang durch die Farngrotte und kamen anschließend wieder auf dem asphaltierten Vorplatz zu stehen. Hier tanzten die beiden Hula-Mädchen für uns zu dem wohl bekanntesten Lied auf den Inseln, dem "hawaiian wedding song".

Es war wirklich "ziemlich schräg" und die Beschreibung im Reiseführer konnte - zurückblickend - als zutreffend bestätigt werden. Dennoch, wir hatten unseren Spaß!

Am Abend dieses ereignisreichen Tages saßen wir auf unserer Terrasse und lauschten den Gesängen der zahlreichen Geckos.

In wenigen Tagen würden wir in Honolulu auf der Insel Oahu heiraten. Nun stellte sich doch langsam eine gewisse Nervosität ein. Ich würde mit meinen 36 Jahren doch noch "unter die Haube" kommen und Wolfgang "traute" sich ein zweites Mal.

Unruhig wurden wir auch, weil Chris sich noch nicht bei uns gemeldet hatte. Sie wollte uns doch noch Bescheid sagen, was ihr Anruf bei unserer Hochzeits-Agentur ergeben hat und ob sie uns trauen würde.

So sehr wir auch auf unser Telefon starrten, es klingelte nicht. Auch die nächsten zwei Tage brachten für uns keine Klärung. Und so verließen wir die Blumeninsel in der Ungewissheit, wie unsere Trauung denn nun verlaufen würde, aber voller Vertrauen in die Zuverlässigkeit von Chris. Wahrscheinlich wollte sie uns nur noch ein wenig "auf die Folter spannen" und es war schon alles perfekt arrangiert.

Honolulu / Oahu

Ein weiterer, kurzer Flug mit Aloha-Airlines und wir erreichten die Großstadt Honolulu auf der Hawaii-Insel Oahu.

Das Häusermeer war nach all der herrlichen Natur, mit der wir in den letzten drei Wochen verschmelzen durften, schon ein ziemlicher "Kulturschock". Aber schnell öffneten wir uns für den ganz eigenen Charme dieser quirligen und sympathischen Stadt.

In unserem Hotel, dem "Outrigger Islander Waikiki", wurden wir, als "Honeymooner" gemeldet, mit einer Flasche Sekt überrascht.

Auf dem Minibalkon unseres Zimmers im zehnten Stock hoch über Waikiki stießen wir dann erst mal auf unsere in zwei Tagen bevorstehende Hochzeit an. Unser Blick fiel auf das Meer und das legendäre "Royal Hawaiian", das 1927 im maurischen Stil erbaute, älteste Hotel am Strand von Waikiki, wegen seines rosafarbenen Außenanstriches auch liebevoll "Pink Hotel" genannt.

Wir betrachteten das Straßenbild, das von zahlreichen Palmen aufgelockert wurde und beobachteten die zahlreichen weißen Stretch-Limousinen, die durch die Straßen rollten. Wir erfuhren, dass diese unendlich langen Luxus-Karossen, die nie beim ersten Male um die Kurven kamen und mehrmals zurücksetzen mussten, bevorzugt von japanischen Hochzeitspaaren gebucht wurden.

Schließlich stieg in uns wieder Unruhe auf, denn auch in diesem Hotel war keine Nachricht von Chris eingegangen. Jetzt wollte ich es aber wissen! Meine Neugierde war inzwischen größer als mein Horror vor englischsprachigen Telefonaten. Also wählte ich die Nummer von Chris. Bedingt durch den Sekt, der mir sofort zu Kopf gestiegen war, und die vorhandene Nervosität verwählte ich mich jedoch zunächst einige Male, bis schließlich das Freizeichen erklang.

Chris meldete sich sofort und ich stellte in Englisch stotternd die Frage, was denn nun mit unserer Hochzeit wäre. Chris schien sehr erstaunt über diese Frage zu sein und sagte, sie habe auf Wolfgangs Laptop eine Nachricht hinterlassen.

Ich konnte mich erinnern, dass Chris Wolfgang gefragt hatte, ob er ein Laptop habe. Sie hatte wohl angenommen, Wolfgang habe das Laptop auf unserer Reise dabei. Dieses befand sich jedoch, außerhalb unserer Zugriffsgewalt, zuhause in Deutschland.

Mir "schwante" schon nichts Gutes, als ich mich nach dem Inhalt dieser Email erkundigte.

Chris erklärte, dass ihr klargeworden sei, dass sie die Verantwortung für diese Frauengruppe habe, die sie, mit Zwischenstopp Honolulu, nach Toga begleite. Ihr sei klar geworden, dass es ihre Aufgabe sei, in Honolulu bei dieser Gruppe zu bleiben. Daher könne sie uns leider nicht trauen, es täte ihr leid. Ich schnappte nach Luft. Hätte sich Chris das nicht schon auf Big Island überlegen können? Schließlich erwähnte sie, sie habe zuvor tagelang darüber nachgedacht.

Ich konnte das einfach nicht nachvollziehen. Ich verabschiedete mich mit letzter Kraft und so freundlich, wie es mir in meiner Enttäuschung möglich war, von Chris und brauchte auf den Schreck erst mal ein weiteres Glas Sekt.

Die Enttäuschung über das Verhalten von Chris saß doch sehr tief. Würde unsere Hochzeit jetzt "ins Wasser" fallen? Schließlich hatten wir von unserer Hochzeitsagentur auch noch kein "Lebenszeichen" erhalten.

Ich schickte ein Stoßgebet zum Himmel:

"Ihr Engel da oben, Ihr wolltet doch unbedingt, dass wir heiraten. Dann strengt Euch jetzt gefälligst auch mal an, damit das klappt! Wird ja wohl nicht allzu schwer für Euch sein, oder?"

Als hätte der Himmel mein Flehen erhört, klopfte es kurz darauf an unsere Tür und ein Hotel-Boy übergab uns einen Umschlag mit Unterlagen von unserer Hochzeitsagentur. Gottseidank!

"Engel ich danke Euch! Super-Service!"

Wir lasen, dass für unsere Trauung eine Dagmar zuständig ist, die Deutsch spricht. Sie würde sich auch um alle Formalitäten kümmern und wir sollten uns bei ihr so schnell wie möglich telefonisch melden. Das musste diejenige Dagmar sein, von der auch schon das österreichische Pärchen auf Maui berichtet hatte. Diese Dagmar sollte ja ganz nett sein. Da fiel mir ein, dass doch unser Lebensmotto hieß:

"Wer weiß, wofür es gut ist!"

Und wie lautete doch gleich unsere felsenfeste Überzeugung?

"Wenn Du etwas verlierst, kommt IMMER etwas Besseres hinterher!"

Vielleicht würde es ja auch ohne Chris noch zu der Traumhochzeit kommen, die wir uns so gewünscht hatten.

Ich rief also besagte Dagmar von der Hochzeitsagentur an und wir verabredeten uns für den nächsten Vormittag vor unserem Hotel. Gemeinsam würden wir zu dem "Marriage Licence Office" fahren, um die notwendigen Formalitäten zu erledigen.

Nach einer ersten Nacht in unserem neuen Domizil und einem Frühstück im nahegelegenen "Star-Bucks-Cafe" standen wir an der Lewers Street, Ecke Kalakaua Avenue und warteten gespannt auf Dagmar. Da kam sie auch schon mit ihrem knallblauen Auto vorgefahren.

Es gab keinen Parkplatz, so dass wir nach einer flüchtigen, aber herzlichen Begrüßung schnell einsteigen mussten und schon ging es los Richtung "Marriage Licence Office" in der Punchbowl Street. Wolfgang hatte vorne neben Dagmar Platz genommen. Ich saß auf dem Rücksitz und konnte Dagmar von hier aus in aller Ruhe betrachten. Mit ihrer schlanken Figur und den sehr langen hellblonden Haaren fiel sie hier zwischen all den dunkelhaarigen und vielfach kräftig gebauten Hawaiianerinnen schon sehr auf.

Sie musste, da sie zwei schon fast erwachsene Kinder hat - wie sie uns mitteilte - wohl so Ende Dreißig, Anfang Vierzig sein, was man ihr aber nicht ansah.

Dagmar erzählte während der ganzen Fahrt Wissenswertes über Honolulu, die Insel Oahu und natürlich - fast hätten wir es vergessen - über unsere am kommenden Tag, dem 05. September, stattfindende Hochzeit.

Daher gestaltete sich die etwa 20-minütige Autofahrt sehr kurzweilig.

Als wir das "Marriage Licence Office" betraten, trauten wir unseren Augen nicht. Die Eingangshalle war überfüllt von Menschen verschiedenster Nationen. Etwa 50 Paare - so schätzten wir - warteten hier darauf, die Hochzeitsformalitäten zu erledigen.

Auch Dagmar schien irritiert.

"Ich mache das schon so viele Jahre, aber so voll wie heute war es hier noch nie. Was ist bloß los? Ich verstehe das nicht?!" meinte sie.

"Wir müssen uns schon auf eine Wartezeit von bis zu drei Stunden einstellen! Normalerweise dauert das hier etwa 20 Minuten!".

Na, das war ja eine schöne Bescherung! Die Aufregungen um unsere Hochzeit nehmen ja kein Ende!

Machen wir halt das Beste daraus! Zunächst füllten wir, mit Dagmars Hilfe, die erforderlichen Formulare aus. Dies war jedoch nach fünf Minuten erledigt und wir überlegten, was wir mit den restlichen zwei Stunden und 55 Minuten so anfangen könnten.

So kamen wir, wie sollte es auch anders sein, sehr intensiv mit Dagmar ins Gespräch.

Eine Stunde später wusste ich, warum die Engel diesen Volksauflauf, verbunden mit der langen Wartezeit, für uns arrangiert hatten.

Dagmar erwähnte nämlich irgendwann beiläufig, dass sie auch Hula-Unterricht gibt und bei irgend so einem Wettbewerb kürzlich sogar den zweiten Platz gemacht hat. "Ganz nebenbei" sagte sie auch noch, dass sie auf der Universität in Honolulu hawaiianische Geschichte studiert hat.

Ich konnte es nicht fassen. Ich starrte Dagmar mit offenem Mund an. Diese Frau schickt mir der Himmel! Mein sehnlichster Wunsch war es, Hula zu lernen und da steht plötzlich eine der besten Hula-Lehrerinnen Hawaiis vor mir!

Weitere fünf Minuten später war klar, dass Dagmar mich noch in diesen letzten Tagen auf Oahu im Hula-Tanz unterrichten würde.

Da war meine "Bestellung", dass ich unbedingt Hula lernen möchte, doch tatsächlich "da oben" angekommen und die Lieferung war schneller erfolgt, als ich es je zu träumen gewagt hätte!

Meine Begeisterung war grenzenlos und stellte schon fast (das darf Wolfgang natürlich nicht wissen) die Vorfreude auf die bevorstehende Hochzeit in den Schatten.

Dass Dagmar ursprünglich aus Köln kommt, genau wie wir, und dass sie und Wolfgang sogar gemeinsame Bekannte haben, waren weitere Erkenntnisse unserer spannenden Unterhaltung, die mich - nach dem, was schon alles passiert war - jedoch nicht mehr sonderlich erstaunten.

So bedauerten wir fast, dass wir nach knapp drei Stunden schon an der Reihe waren und unser angeregtes Gespräch abbrechen mussten.

Vor einer sehr sympathischen amerikanischen Beamtin mussten wir dann einen Eid leisten, dass unsere vorgelegten schriftlichen Angaben der Wahrheit entsprechen und schon nach fünf Minuten standen wir wieder auf der Punchbowl-Street und konnten noch gar nicht fassen, was wir an diesem Morgen schon alles erlebt hatten.

Wir verabschiedeten uns von Dagmar, denn von hier aus wollten wir, vorbei am Denkmal des berühmten Königs Kamehameha, zum Hafen und zum "Aloha-Tower" schlendern.

Rund um den "Aloha-Tower" gibt es ein schönes Shopping-Center. Plötzlich spürte ich das dringende Bedürfnis, mein von Zuhause mitgebrachtes schlichtes weißes (Hochzeits-) Kleid gegen etwas typisch Hawaiianisches einzutauschen.

Tatsächlich wurde ich sehr schnell in einem der Geschäfte fündig. Ich entdeckte ein langes rotes Kleid mit Hibiskusblüten-Motiv, das wie für mich gemacht zu sein schien. Auch Wolfgang war begeistert. Wenn wir schon auf Hawaii heiraten, dann auch stilecht! Also, folgerte Wolfgang messerscharf, bräuchte er jetzt unbedingt noch ein passendes Hawaii-Hemd.

So kam es, dass wir am Nachmittag schwer bepackt - ich hatte noch zahlreiche Hula-Accessoires eingekauft; wer weiß, wofür ich die mal gebrauchen kann - den Rückweg zum Hotel antraten.

Wir benutzten das wohl berühmteste Verkehrsmittel Honolulus, einen "Waikiki Trolley".

Dies sind offene Busse, optisch den Cable-Cars in San Francisco sehr ähnlich, aber eben auf vier Rädern. Gelenkt wurde unser Trolley von der Hawaiianerin Lucy.

Lucy war ein lustiges Wesen, etwa 25 Jahre alt. Aufgabe der Trolley-Driver ist es, den Fahrgästen unterwegs auch etwas über die Stadt zu erzählen, was Lucy mit Begeisterung tat. Ihre Liebe zu ihrer Arbeit war deutlich spürbar. So wurde die Fahrt für uns zu einem Hochgenuss. Zur Krönung gab es noch einen leichten Nieselregen und gleich darauf einen prächtigen Regenbogen zu sehen.

Wir bewunderten die goldenen Armreifen, die Lucy trug. Sie erzählte, dies sei auf Hawaii üblich. Reiche Frauen haben für jede ihr nahestehende Person, insbesondere für die Kinder und den Ehemann, aber auch für sich selbst, einen goldenen Reifen mit dem entsprechenden Namen.

Lucy hatte nur zwei. Einen mit ihrem Namen und einen mit dem Namen ihrer drei Kinder.

Stolz machte sie uns auf die reichhaltigen Verzierungen auf dem Armreifen aufmerksam, die natürlich alle eine spezielle Bedeutung haben und erzählte von ihrer Familie.

Zum Glück machte sie uns auch darauf aufmerksam, dass wir vor unserem Hotel angekommen waren. Das hätten wir durch das angeregte Gespräch sonst glatt nicht bemerkt.

Wir verabschiedeten uns von Lucy mit vielen guten Wünschen und gingen auf unser Hotelzimmer.

Was für ein aufregender Tag! Aber der Tag war ja noch lange nicht zu Ende.

Für den Abend hatten wir uns zu einem "Luau" in dem wohl berühmtesten und luxuriösesten Hotel von Waikiki, dem pinkfarbenen "Royal Hawaiian", angemeldet.

Dies schien uns für den Abend vor unserer Hochzeit der perfekte Rahmen zu sein.

Also sich schnell "aufgebrezelt", die inzwischen erstandenen Muschelketten umgelegt und los ging es zum "Pink Hotel".

Wir hatten noch Zeit für einen Rundgang durch den imposanten und sehr sehenswerten Hotelbereich mit zahlreichen Gemälden der ehemaligen hawaiianischen Könige und Königinnen.

Schließlich wurden uns sehr gute (danke, Engel!) Plätze für diesen Abend zugewiesen. Es gab zur Begrüßung Mai-Tai und für jeden einen duftenden Blumen-Lei.

Dann ging das Programm los. Alles war noch beeindruckender und aufwendiger gestaltet, als bei dem Luau an unserem ersten Abend auf Hawaii.

Wolfgang hatte seine Videokamera dabei und von mir den Auftrag erhalten, jeden dargebotenen hawaiianischen Hula-Tanz auf jeden Fall von Anfang bis Ende aufzuzeichnen und ja nichts auszulassen.

Er nahm seinen Auftrag sehr ernst und stand wohl nicht nur einmal den Akteuren im Weg rum. Aber auf Hawaii nehmen diese so etwas gelassen.

Wir genossen die Darbietung der Tänze und Gesänge, das landestypische Essen und die Unterhaltung mit unseren amerikanischen Tischnachbarn. Nach dreieinhalb Wochen auf den Inseln plauderte es sich doch schon bedeutend leichter in Englisch.

Als die vorzügliche und empfehlenswerte Veranstaltung vorüber war, waren wir noch so "aufgekratzt" und unternehmungslustig, dass wir uns für einen "Absacker" in die Open-Air-Bar des "Pink Hotel" direkt am Waikiki-Beach setzten.

Zu unserer, besonders zu meiner Freude, erschien dort wenig später eine sympathische Hula-Tänzerin und gab ihr Können zum Besten. Während einer ihrer Tanzpausen, in der aber trotzdem Musik lief, konnten wir es uns, als begeisterte Tänzer, nicht verkneifen, ein Tänzchen auf das Parkett zu legen.

Wir hatten keine Ahnung, dass unser - nennen wir ihn mal - "German-Disco-Fox" hier am anderen Ende der Welt gänzlich unbekannt ist. So ernteten wir von den anderen Gästen heftigen Beifall für unsere kleine Tanzeinlage. Auch die Hula-Tänzerin war neugierig geworden und kam zu uns an den Tisch. Natürlich erzählten wir auch, das wir am kommenden Tag heiraten würden. Sie sagte, sie sei dann auch im "Pink Hotel" und wir sollten nach der Eheschließung unbedingt kommen. Sie würde dann den "Hawaiian Wedding Song", das bekannteste aller hawaiianischen Lieder, für uns tanzen. Wir freuten uns riesig und versprachen zu kommen, wenn es sich irgendwie einrichten lässt.

So ging unser perfekter Hochzeits-Vorabend schließlich zuende, ebenso wie unser in "wilder Ehe" geführtes "Lotterleben".

Ab Morgen würden wir "Mann" und "Frau" sein und unser Hund würde endlich in "geregelten Familienverhältnissen" zuhause - und quasi "ehelich" sein.

Unser Hochzeitstag begann mit einem ausgiebigen Frühstück-Buffet im "Dukes" mit Blick auf den Strand von Waikiki.

Der echte "Duke" war zu seiner Zeit ein hervorragender Schwimmer, der sogar "olympisches Gold" erlangte. Vor allen Dingen machte er aber das in Hawaii schon immer praktizierte Wellenreiten in der ganzen Welt populär. Es gibt eine riesige Statue des "Duke" am Strand von Waikiki.

Wegen der bevorstehenden Hochzeit waren wir so aufgeregt, dass wir uns gar nicht richtig auf das hervorragende Essen konzentrieren konnten.

Erst um 15 Uhr sollten wir am Hotel abgeholt werden. Die Zeit zog sich wie "Kaugummi" und die Aufregung wurde fast unerträglich.

Schließlich standen wir "gestylt" und in unserem neuen hawaiianischen Hochzeits-Outfit vor dem Hotel und warteten auf den gemieteten Rolls Royce, der uns abholen sollte.

Da bog er auch schon um die Ecke. Dagmar, die vorne neben dem Fahrer Platz genommen hatte, stieg aus und begrüßte uns mit einer freudigen Umarmung. Sie trug ein traditionelles weißes, bodenlanges Kleid. Gut, dass ich noch rechtzeitig von meinem eigenen kurzen weißen Hochzeitskleid umgeschwenkt war auf dieses wunderschöne rote Hawaii-Kleid. Sonst hätte Wolfgang wohl in der Aufregung noch leicht die Braut verwechseln können.

Wir rollten - nein: wir schwebten - durch die Straßen Honolulus und genossen die, unserem Gefährt geltenden, bewundernden Blicke vieler Passanten.

Unser Chauffeur im Rolls Royce war angezogen und benahm sich auch so, wie man das von einem Fahrer eines so edlen Gefährtes vermutete: durch und durch englischer Bediensteter hoher Herrschaften. Er fuhr auch irgendwie so vornehm. Wir kamen uns richtig wichtig vor.

Jedenfalls viel wichtiger als die Japaner hinter den total abgedunkelten Scheiben der weißen Stretch-Limousinen. Da sieht die doch keiner!

An einem solch bedeutsamen Tag will man ja nicht nur sehen, sondern auch gesehen - und bewundert - werden.

Dagmar erzählte uns, dass unser sympathischer Rolls-Royce-Fahrer namens "Joe" aus den Südstaaten Amerikas käme. Wolfgang machte daraufhin einen enttäuschten Gesichtsausdruck, denn das passte nicht zu seinem Bild: Englisches Nobelgefährt gefahren von einem Texaner...

Joe sei überdies musikalisch sehr begabt und spiele daheim in einer Country & Western-Band. In der Tat, er hatte eine sonore, tiefwarme Stimme und auf der Rückfahrt machte er uns sogar die

Freude, den berühmten Elvis-Song "Blue Hawaii" zu intonieren.

Auch der Rolls Royce, so Dagmar, sei ein echtes Oldtimer-Sammlerstück und der schönste Wagen der Hochzeitsagentur. Der silberne Rolls soll schon 1956 das Licht der Welt erblickt und bis heute nicht mehr als 16.000 Meilen zurückgelegt haben. So sah auch die nostalgische Inneneinrichtung aus. Und es roch so schön nach wertvollem Leder.

Ich fragte Dagmar, ob der Reverend, der uns trauen würde, direkt zu dem Ort unserer Eheschließung kommen würde. Bis zu dem Zeitpunkt glaubten wir ja noch, Dagmar wäre "nur" die Dolmetscherin. Grinsend meinte Dagmar nun, der Reverend wäre schon da. Sie selber wäre nämlich autorisiert, Trauungen vorzunehmen. Wir staunten nicht schlecht!

Als wir im Kakaako Park, dem Ort unserer Trauung, ankamen, begann es plötzlich leicht zu regnen. Regen am Tag der Hochzeit ist ja in Deutschland so ziemlich der "größte, anzunehmende Unglücksfall".

Umso überraschter waren wir, dass die Mitarbeiter der Hochzeitsagentur, die schon auf uns warteten, ganz begeistert waren, als die ersten Regentropfen auf uns hernieder rieselten.

So erfuhren wir, dass Regen am Tag der Hochzeit auf Hawaii eine besondere Segnung bedeutet.

Dies sei besonders hoch zu bewerten, da es in der Gegend, in der wir uns befanden, so gut wie nie regnet. Andere Länder andere Sitten!

Ich erinnerte mich nun auch wieder, das "wai" "frisches Wasser" und "waiwai" "Leben in Fülle" bedeutet. Da konnte der Regen ja wirklich nicht so schlecht sein.

Es blieb bei einem harmlosen, erfrischenden Nieselregen. Dafür begann unsere Trauungszeremonie mit einem wunderbaren Regenbogen am Himmel über Waikiki. Wenn das kein gutes Ohmen ist!

Nach der Trauung, die von einem Kameramann, der mit zum Programm gehörte, mitgeschnitten wurde, gab es noch eine gigantische Hochzeitstorte, die wir anschneiden und mit der wir uns nach amerikanischer Sitte gegenseitig füttern mussten.

Dann ging es zum "Foto-Shooting" ans Meer. Wir hatten sehr viel Spaß und die Bilder, die entstanden, spiegeln die Freude wieder, die wir an diesem Tag empfanden.

Schließlich war dieses, lange mit Spannung herbeigesehnte Ereignis vorüber und der silberfarbene Rolls Royce brachte uns sicher zum Hotel zurück.

Es hielt uns aber nicht lange in unserem Zimmer. Wie ein Magnet zog es uns wieder zum "Pink Hotel". Also machten wir uns, ich in meinen Stöckelschuhen, auf den Weg dorthin. Wolfgang hatte sich eine dicke Zigarre eingesteckt, die er schon in Deutschland für den heutigen Tag erstanden hatte. Die Bar im "Pink Hotel" war für ihn der ideale Ort, um die Zigarre genüsslich zu "paffen".

Als wir die Bar erreichten, spielte schon eine Band, aber unsere Hula-Tänzerin war nicht zu sehen. Also setzten wir uns an einen der Tische, bestellten Mai-Tai und Wolfgang zündete voller Vorfreude seine Zigarre an.

Seine Freude an der dicken Havanna sollte jedoch nur von kurzer Dauer sein. Am Nachbartisch saß eine grell geschminkte alte, genauer gesagt: sehr alte Dame, die sich offensichtlich von dem Zigarrenqualm belästigt fühlte. Sie begann theatralisch und überzogen auffallend zu hüsteln, ging wenig später in ein lautes Röcheln über und wedelte gleichzeitig hektisch nach Luft. Dabei machte sie ein Gesicht wie der "sterbende Schwan". Wolfgang und ich sahen uns nur an und beide dachten wir das Gleiche: "Wo ist die denn entlaufen?". Sie wirkte wie die letzte, übriggebliebene Diva aus der großen Hollywood-Stummfilmzeit.

Das Röcheln und Hüsteln der Diva beeindruckte Wolfgang jedoch wenig. Es war seine Hochzeit, hier war Rauchen erlaubt und er wollte jetzt seine Zigarre genießen. Schließlich hatte er diese extra von Deutschland für diesen Anlass mitgebracht. Aber die Diva röchelte und hüstelte theatralisch weiter, wobei das Hüsteln schließlich in etwas überging, das sich wie eine chronische Bronchitis anhörte. Auch das Wedeln ihrer Arme wurde immer heftiger.

Alle Augen ruhten nun auf Wolfgang, der offensichtlich an seiner Zigarre keine rechte Freude mehr zu haben schien. Gerade wollte er sie ausmachen, als einer der Musiker zu Wolfgang herüber kam und fragte, ob Wolfgang nicht gemerkt habe, dass "die Dame" dort drüben sich von dem Zigarrenqualm belästigt fühlt. Was für eine blöde Frage. Murrend drückte er die Zigarre aus. Die Diva stellte augenblicklich das Röcheln ein und sah triumphierend zu Wolfgang rüber. Wolfgangs Enttäuschung über den entgangenen Zigarrengenuss hielt sich dann aber doch in Grenzen. Zu genial war die Darbietung der Diva gewesen, die wir stattdessen zu sehen bekommen hatten.

In diesem Augenblick erschien "unsere" Hula-Tänzerin und kam strahlend auf uns zu. Sie gratulierte uns herzlich zur Eheschließung und wandte sich an die Band mit der Bitte, den "Hawaiian-Wedding-Song" für uns zu spielen.

Über das Mikro gab dann der Sänger der Band bekannt, dass wir soeben geheiratet haben. Sofort strömten eine ganze Reihe uns wildfremder Menschen auf uns zu, um uns zu gratulieren. Besonders die Hawaiianer fühlten sich sehr geehrt, dass wir den weiten Weg von Deutschland auf uns genommen haben, um uns auf ihren schönen Inseln das Ja-Wort zu geben. Einige der Gäste umarmten und küssten uns sogar und wir erhielten unzählige gute Wünsche für unser zukünftiges Leben.

Dann tanzte die Hula-Tänzerin wie versprochen nur für uns den "Hawaiian Wedding Song".

Wir waren überglücklich. So ein Programm wäre uns bei einer Hochzeit im heimischen Deutschland sicher nicht zuteil geworden.

Schließlich wurden wir aufgefordert, doch noch einmal unseren "German-Disco-Fox" zum Besten zu geben, was wir nur allzu gerne taten.

Nachdem wir für unsere kleine Tanzeinlage einen herzlichen Applaus bekommen hatten, hieß es für uns aufbrechen, denn Dagmar hatte auf unsere Bitte hin einen Tisch in einem kleinen, lauschigen Restaurant direkt am Strand für uns bestellt.

Das Restaurant lag etwas außerhalb des Zentrums, ca. 20 Minuten Fußweg entfernt. Meine Füße schmerzten in den ungewohnten Stöckelschuhen inzwischen schon sehr, und so ging ich einfach barfuß weiter. Es war schon dunkel und sehr romantisch, als wir so am Strand entlang schlenderten.

Im Lokal angekommen, warteten wir, nach amerikanischer Sitte, bis uns ein Tisch zugewiesen wurde. Wir erhielten den unserer Meinung nach besten Platz auf der Außenterrasse, direkt am Strand. Überall waren kleine Lämpchen angebracht. In dieser Atmosphäre schmeckte uns unser Hochzeitsessen natürlich besonders gut. So neigte sich ein perfekter und aufregender Tag langsam dem Ende zu.

Am nächsten Morgen besuchten wir die berühmte "Kodak-Hula-Show", die dreimal wöchentlich im Kapiolani Park in Waikiki stattfindet.

Wir waren etwas spät dran, weil wir den Eingang des Parks nicht direkt gefunden hatten.

Als wir die Veranstaltung schließlich erreichten, waren die Tribünen schon voll gefüllt. Schade, dachte ich, ich hätte so gerne in einer der vorderen Reihen gesessen. Wir wollten schnell auf die Tribüne zustürmen, um uns dann doch wenigstens die noch bestmöglichen freien Plätze zu sichern, als sich uns ein älterer Mann in den Weg stellte.

"Stop! Seid Ihr ein Hochzeitspaar?"

Wir verstanden zwar den Sinn der Frage nicht, bejahten aber verwirrt.

"Wie lange seid Ihr verheiratet?"

"Einen Tag", stotterte ich.

Der Mann strahlte über das ganze Gesicht und wies uns an, ihm zu folgen. Wir hatten immer noch keinen blassen Schimmer, was hier abläuft. Wir wurden ganz vorne an die Tribüne geführt, eine Absperrung wurde geöffnet und wir erhielten einen Platz in der allerersten Reihe. Da saßen wir und staunten nicht schlecht. Wieso hatte der Mann vermutet, dass wir ein Hochzeitspaar sind und wieso saßen wir deswegen in der ersten Reihe? In dem großen abgetrennten Bereich, in dem wir

Platz nehmen durften, befand sich außer uns nur noch ein älteres amerikanisches Pärchen. Sie erzählten uns unaufgefordert, dass sie 51 Jahre verheiratet sind und seit Jahren in der Woche ihres Hochzeitstages nach Hawaii kommen.

Die Show ging los. Als ich die schwingenden Hula-Hüften in Augenschein nehmen durfte, packte mich wieder diese Aufregung und Unruhe. Das Bild, das sich uns bot, war wirklich sehenswert und voller Farbenpracht. Auf dem gepflegten saftig-grünen Rasen, vor einer nachgebauten alten Hütte, tanzten hawaiianische Frauen in leuchtenden Kleidern.

Die Musik stammte von den "Aunties", den "Tantchen" die schon zum Inventar der "Kodak-Hula-Show" gehören. "Aunties" werden liebevoll die alten, meist überaus fülligen Damen genannt, die mit Ukulelen und anderen Instrumenten hawaiianische Musik spielen. Sie genießen ein hohes Ansehen bei der Bevölkerung.

An diesem Morgen lernte ich wieder viel über den Hula. Ich war ganz versunken in die Darbietungen, bis eine zur Show gehörende Dame an unseren Sitzplätzen vorbeikam und zu uns herüberrief: "Gleich seid Ihr dran!"

Wie bitte? Mir stockte der Atem. Da kam auch schon der Moderator der Show auf uns zu und bat das ältere amerikanische Ehepaar, Wolfgang und mich nach vorne auf die Rasenfläche.

Etwa 700 Augenpaare ruhten auf uns, als ich noch kurz über Fluchtmöglichkeiten sinnierte. Ich hörte meinen sonst so mutigen Wolfgang noch sagen: "Wenn die uns etwas fragen, dann sprichst Du!" Dann setzte mein Verstand kurzfristig ganz aus und ich spürte nur noch, wie ich von einem Adrenalinschub nach dem anderen durchflutet wurde.

Was würde jetzt auf uns zukommen?

Der Moderator wandte sich dem älteren Paar zu und fragte sie, wie lange sie schon verheiratet sind und wie und wo sie sich kennen gelernt haben. Die beiden waren recht redselig, das verschaffte mir wertvolle Zeit. Schließlich merkte ich, wie mein Verstand wieder klar wurde.

Da kam der Moderator schon zu uns, hielt Wolfgang das Mikrofon unter die Nase und fragte: "Wo kommen Sie her, wie lange sind sie verheiratet und wo haben Sie sich kennen gelernt?"

Wolfgang schob den Moderator samt Mikrofon zu mir rüber und ich hörte mich in flüssigem Englisch sagen:

"Wir kommen aus Deutschland und ich kann ein wenig besser Englisch als mein Mann, daher spreche ich jetzt zu ihnen!".

700 Augenpaare waren auf uns gerichtet und ich war selbst erstaunt, dass ich plötzlich ganz locker erzählte:

"Wolfgang und ich haben uns bei einer Party in einem Fitness-Studio kennen gelernt. Als wir uns schon einige Jahre kannten und er mich einfach nicht fragte, ob ich ihn heiraten will, habe ich ihm schließlich einen Heiratsantrag gemacht - und er hat ja gesagt!".

Tosender Applaus kam aus den Zuschauerreihen. Dass die Frau und nicht der Mann den Heiratsantrag macht, war anscheinend in Amerika schon die Sensation. Anders konnte ich mir die Reaktion der Zuschauer jedenfalls nicht erklären.

Dann erzählte ich, dass wir vier Wochen auf den Inseln unterwegs waren und sogar mit wilden Delfinen geschwommen sind.

Wieder tosender Applaus. Zum Schluss erwähnte ich, dass wir einen Tag zuvor in Honolulu geheiratet haben.

Wieder Beifall aus den Reihen, der in ein kleines Klatschkonzert überging. Der Moderator wünschte uns alles Gute und als der Applaus endlich nachließ, wurden wir angewiesen uns wieder auf unsere Plätze zu begeben.

Die Show ging weiter und ich wusste phasenweise nicht, ob ich meinen Auftritt vor den vielen Menschen jetzt geträumt hatte oder nicht.

Wolfgang wurde dann nochmals auf die große Rasenfläche, die als Freiluftbühne fungierte, gebeten. Ganz alleine mit einer schönen Tahitianerin durfte er dann mit ihr um die Wette mit den Hüften wackeln.

Das ganze Auditorium brüllte vor Vergnügen. Wolfgang gab sich aber auch die größte Mühe, wirklich albern auszusehen. Er hatte selbst den allermeisten Spaß daran. Ich kam kaum dazu, das Ganze wackelfrei auf unserer Videokamera festzuhalten, so schüttelte ich mich selbst vor Lachen.

An Wolfgang ist wirklich ein Komiker verloren gegangen!

Als die Vorführung zu Ende war, hatten alle Gelegenheit, die Akteure aus allernächster Nähe zu bewundern und sich mit ihnen fotografieren zu lassen.

Wolfgang und ich staunten nicht schlecht, als mindestens ein Dutzend Amerikaner und zwei Japaner auf uns zuströmten, die unbedingt mit uns fotografiert werden wollten. Hinzu kamen mindestens 50 (irgendwann hörte ich auf zu zählen) Leute aus dem Publikum, die uns die Hände schüttelten, uns umarmten, küssten und uns alles Gute wünschten.

Wir waren komplett überwältigt von der Herzlichkeit, die uns hier entgegenschlug. Viele Amerikaner erzählten uns, das sie Vorfahren aus Deutschland haben. Irgendwie schien jeder mindestens einen Onkel 3. Grades oder ähnliches in Deutschland zu haben. Viele beglückten uns auch mit ihren Deutschkenntnissen.

Uns wurden Worte zugerufen wie: "Bitteschön, Dankeschön, Hofbräuhaus, Jägermeister und Rummenigge". Noch etwa eine halbe Stunde lang waren wir von unserer neuen Fan-Gemeinde umringt.

Leicht benommen, aber überglücklich traten wir schließlich den Rückweg zu unserem Hotel an. Was für ein Tag! Aber es sollte noch besser kommen!

Für den Abend hatte nämlich Dagmar eine
Überraschung der besonderen Art für uns parat.
Sie ging mit uns zu einer Veranstaltung, bei der eine Band, überwiegend aus "Aunties" bestehend, hawaiianische Musik spielte, zu der auch Hula getanzt wurde. Anscheinend ein echter Insider-Tipp, denn außer Wolfgang und mir waren keine Touristen anwesend.

Wir belegten den letzten noch freien Tisch und Dagmar teilte uns mit, das hier "hochkarätige" Leute anwesend seinen. Die berühmteste wäre "Auntie" Genoa Keawe, die auf der Bühne Ukulele spielte und sang. Sie singt, wie Dagmar uns erklärte, mit der landestypischen "Hawaiian Falsett" - Stimme, die sich sehr hoch und gequetscht, aber auch sehr fröhlich anhört.

Dies sei außerordentlich schwierig und erfordere langjährige Übung.

"Auntie" Genoa Keawe forderte – zu meinem Entzücken – aus den Besucherreihen eine der anwesenden Frauen, nach der anderen auf, für das Publikum zu ihrer Musik Hula zu tanzen.

Die Atmosphäre war unbeschreiblich. Von der Hotelterrasse, auf der wir uns befanden, bot sich uns ein fast schon superkitschig-schöner Ausblick auf einen rosaroten Sonnenuntergang über dem Meer und dem weltberühmten Strand von Waikiki.

So beflügelt, juckte es Wolfgang und mich wieder unter den Fußsohlen. Höchste Zeit für unseren "German-Disco-Fox"!

In einer Hula-Tanzpause, in der aber weiter Musik gespielt wurde, nutzten Wolfgang und ich die Gelegenheit und stürmten zur Bühne, um ein kleines Boogie-Woogie-Tänzchen aufs Parkett zu legen.

Was Tanzen anbelangt so haben wir, als ehemalige Turniertänzer, keine Hemmungen. Wir waren "gut drauf" und tobten uns tänzerisch richtig aus. Schließlich musste auch noch der Adrenalinschub vom heutigen Morgen abgebaut werden.

Lachend kehrten wir wieder an unseren Tisch zurück. Dagmar wirkte etwas blass.

"Ihr habt gerade gegen die Etikette verstoßen!", meinte sie tonlos. "Niemand darf hier unaufgefordert einfach tanzen!"

Ups! Das wussten wir natürlich nicht! Was würde jetzt passieren?

Es passierte tatsächlich etwas. "Auntie" Genoa Keawe höchstpersönlich, begleitet von zwei weiteren Bandmitgliedern, kam auf unseren Tisch zu. Wir hielten alle den Atem an. Würde man uns jetzt nahelegen, zu gehen? Das Lachen der "Auntie" wirkte nicht so, als wollte sie uns nun rausschmeißen. Genoa Keawe klopfte Wolfgang und mir anerkennend auf die Schulter und meinte, es hätte ihr sehr gefallen, wie wir getanzt haben. Sie fragte, wie der Tanz heißt und woher wir kommen. So ergab sich eine lockere Unterhaltung mit der alten Dame.

Schließlich winkte sie den weiteren Bandmitglieder und den anwesenden Hula-Tänzerinnen zu, sie sollen zu uns herüberkommen. Sie stellte uns alle vor und so waren wir mitten in der "Szene" drin. Schließlich meinte die "Auntie", sie würde uns gerne noch mal tanzen sehen und fragte, was sie spielen soll, damit wir noch mal tanzen.

Dagmar hörte auf zu atmen. Die berühmte Genoa Keave, die "Grande Dame der hawaiianischen Musik", die sonst von der Bühne aus bestimmt, wer tanzen darf und wer nicht, **fragt uns**, was sie **für uns spielen** darf. Das hatte es noch nie gegeben. Muss das eine große Ehre für uns gewesen sein!

Da wir ihr Repertoire nicht kannten, sagten wir, sie solle einfach etwas Flottes spielen, was sie dann auch tat. So hatten wir erneut Gelegenheit, das Tanzbein zu schwingen. Und diesmal, nachdem alle Anwesenden mitbekommen hatten, das Genoa

Keawe höchstpersönlich uns zum Tanz gebeten hatte, erhielten wir einen kräftigen Applaus.

Dagmar war immer noch sprachlos und meinte nur, dass Genoa Keawe zu jemandem an den Tisch gekommen ist, das hätte sie noch nie erlebt.

"Tja, wahrscheinlich hat hier auch noch keiner German Disco Fox getanzt.", mutmaßte Wolfgang.

"Auntie" Genoa Keawe, inzwischen schon gut über die Achtzig, ist eine Dame, die mich sehr beeindruckt hat: die Freude und Professionalität, mit der sie immer noch jede Woche auf das Neue ihre Lieder singt und die lustigen Augen, die in dem dunkelhäutigen und von grauen Haaren umrahmten Gesicht fröhlich aufblitzen.

Übrigens wird von ihr folgende Geschichte erzählt: vor einigen Jahren war Sie mit dem Flugzeug unterwegs zu einem Konzert, das sie in Tokio gab. Die Japaner sind ganz verrückt auf alles, was mit Hawaii zu tun hat.

Während des mehrstündigen Fluges wurde es der "Auntie" langweilig und so holte sie ihre Ukulele aus dem Fach für das Handgepäck und begann zu singen und zu spielen. Die Passagiere gaben tosenden Applaus und das Flugzeug soll im Takt geschwankt haben...

Plötzlich stieß mich Wolfgang von der Seite an und sagte: "Guck mal da rüber, das darf ja wohl nicht wahr sein!" Ich schaute in die Richtung, in die er zeigte und wusste sofort, was er meint. Gerade bewegte sich die Diva von gestern Abend auf die Bühne zu, um einen Hula zum Besten zu geben. Von der chronischen Bronchitis des Vorabends hatte sie sich anscheinend gut erholt.

"Das ist Nancy Gustafson aus Schweden. Die lebt aber schon ewig hier. Stellt euch vor, die ist schon 83. Hat sich doch gut gehalten, oder?" klärte uns Dagmar auf.

Nancy fiel auch hier aus dem Rahmen, denn sie tanzte "Swedish Hula" zu einem von ihr selbst komponierten Lied. Die Tanzschritte hatte sie auch selbst erdacht. Diese erinnerten mich eher an Square-Dance. Aber schon zum nächsten Song stellte Nancy unter Beweis, dass sie durchaus auch "richtig" Hula tanzen kann. Für ihr Alter hatte sie eine ganz außergewöhnliche Kondition. Tanzen hält eben doch jung!

Als Nancy ihre Vorführung beendet hatte, winkte Dagmar ihr zu und Nancy kam auf unseren Tisch zu. Ach du Schande, dachte ich. Hoffentlich erkennt die Diva Wolfgang nicht als den "Zigarrenraucher" vom gestrigen Abend.

Aber Nancy sprach den Vorfall mit keiner Silbe an. Ganz im Gegenteil, sie schien einen "Narren an Wolfgang gefressen zu haben" und flirtete unentwegt mit ihm.

Schließlich zauberte sie eine Musik-CD aus einer Tasche heraus und erzählte, ihr deutlich jüngerer Mann und sie hätten die CD zusammen aufgenommen. Dort wären auch die Stücke drauf, zu denen sie eben getanzt hätte. Für nur 15 Dollar könnten wir die CD "unser Eigen nennen". Sie und ihr Mann würden diese dann auch gerne für uns signieren. Wolfgang, Nancys Charme nun völlig erlegen, zückte schon die Geldbörse.

"Diese Nancy ist ja ganz schön geschäftstüchtig für ihr Alter!", dachte ich nur.

Die Diva lief nun zur Höchstform auf. Sie hatte inzwischen schon halb auf Wolfgangs Schoß Platz genommen und erzählte, das sie bereits seit 1953 in Honolulu sei. Sie betonte, dass sie all die großen Hollywood-Stars noch persönlich kannte.

"Ich wackelte schon mit den Hüften für John Wayne", hauchte sie, und ein schwärmerischer, wehmütiger Glanz lag in ihren Augen.

Die nächsten Tage verbrachte ich überwiegend Hula-tanzend in Dagmars Wohnzimmer. Ich war begeistert bei der Sache und Wolfgang hatte die wichtige Aufgabe, alles, aber auch wirklich jedes Detail auf Video aufzunehmen. Ich sog alles in mich auf und machte schnell Fortschritte. Dagmar ist eine hervorragende Lehrerin.

Am nächsten Abend zog es uns wieder in das Hotel, in dem wir am Vortag "Auntie" Genoa Keawe und die anderen kennen gelernt hatten.

Auch heute spielte wieder eine Band. Hula wurde aber nicht getanzt. Es war recht leer auf der Terrasse. Nur an wenigen Tischen saßen verstreut einige Touristen. Wir bestellten uns einen Snack für den kleinen Hunger zwischendurch und während wir so vor uns hin aßen und der Live-Musik lauschten, betraten plötzlich Nancy Gustafson und ihr Mann die Terrasse. Beide kamen zu uns herüber und sofort war wieder eine angeregte Unterhaltung im Gange.

Im Laufe des Abends erwähnte ich gegenüber Nancy beiläufig, dass ich mich in den Hula-Tanz verliebt habe.

Nancy war direkt ganz aufgeregt und sagte, sie gebe am kommenden Vormittag Hula-Unterricht im Marriot-Hotel. Ich solle unbedingt auch kommen. Sie sagte, der Unterricht sei kostenlos. Einzige Voraussetzung wäre, dass die Teilnehmer eine CD von ihr kaufen. Das hätten wir am Vorabend ja bereits getan. Dann verabschiedeten sich Nancy und ihr Mann und setzten sich zu Bekannten an einen anderen Tisch.

Während des Abends kam Nancy aber noch mehrfach zu unserem Tisch und sagte in einem Befehlston, der keine Widerrede erlaubt, zu mir:

"Tomorrow, ten o´clock! Marriot-Hotel! Tomorrow, ten o´clock!"

Natürlich war ich am nächsten Morgen Punkt zehn Uhr am Marriot-Hotel. Eine Hula-Stunde mit

Nancy konnte ich mir einfach nicht entgehen lassen.

Außer mir kamen noch zwei Amerikanerinnen mittleren Alters zum Unterricht. Nach einer kurzen Ansprache unserer Lehrerin fuhren wir mit dem Aufzug hoch in die Etage, in der sich der Außen-Swimmingpool befindet. Hier sollte der Unterricht stattfinden.

Mit uns befanden sich noch zwei attraktive junge Männer im Fahrstuhl, so jung, dass sie mich sicher schon als "alte Schachtel" eingestuft hätten. Dies hinderte aber die definitiv "älteste Schachtel" unter uns, nämlich Nancy, nicht daran, hemmungslos mit den beiden Schönlingen zu flirten. Sie tat dies so genial, dass die beiden Männer richtig verlegen wurden. So etwas war denen sicher noch nie passiert. Von Nancy konnte "frau" wirklich noch viel lernen!

Wir Hula-Tänzerinnen erreichten schließlich die Außenterrasse und ich wartete darauf, dass Nancy nun einen Kassettenrekorder oder etwas Ähnliches aus ihrer Tasche zaubert.

Aber Nancy, noch ganz die alte Schule, hatte da so ihre eigene Art. Sie brachte uns einen Hulatanz bei zu dem Lied "The sound of the island", das sie selber geschrieben hat.

Während sie uns noch die Fuß- und Handbewegungen erklärte, sang sie den Text - und schließlich holte sie eine Ukulele aus ihrer Tasche und begleitete uns auf diese Weise.

Irgendwie schaffte es Nancy, während sie uns die Schritte erklärte und vorführte, gleichzeitig zu singen, Ukulele zu spielen und die Handbewegungen zumindest anzudeuten. Die 83jährige wirbelte wie ein junger Hüpfer über die Tanzfläche und wir drei Schülerinnen staunten nicht schlecht. Nancy, wie sie leibt und lebt!

Zum Abschluss gab uns Nancy noch einen ganze Reihe von wertvollen Lebensweisheiten mit auf den Weg.

Als diese unnachahmliche, lustige Hula-Stunde zu Ende ging und wir uns "leb wohl" sagten, konnte ich nicht anders, als meine Lehrerin fest in die Arme zu schließen und zu sagen:

"Nancy, I love You!" Erst auf den zweiten Blick offenbarte sich mir das große Herz dieser kleinen Frau.

Später erfuhr ich noch, das Nancy viele Jahre lang am Strand von Waikiki unentgeltlich für jeden, der sich dafür interessierte, Hula-Unterricht gegeben hat. Das ganze fand unter einem Baum statt, der "Ukulele-Tree" genannt wurde, da natürlich auch Ukulele gespielt wurde. Ihr Mann, und einige Hawaiianer haben Nancy bei ihren Hula-Stunden tatkräftig unterstützt.

Nach einer meiner Hula-Stunden mit Dagmar hatte diese eine Überraschung für uns bereit.

Sie wollte mit uns zu einem ganz besonderen Ort fahren, und wir sollten die alten, schon verwelkten Blumen-Leis von unserer Hochzeit mitnehmen.

Hierzu muss man wissen, dass die Hawaiianer einen verwelkten Lei niemals achtlos in eine Mülltonne werfen würden. Stattdessen wird der Lei, mit Worten oder Gedanken des Dankes für seine Schönheit, seinen Duft und die Freude, die er zuvor verbreitet hat, wieder an die Natur zurückgegeben. Man wirft ihn ins Meer, hängt ihn an einen Baum, oder sucht einen sonstigen angemessenen Platz im Freien, an dem man ihn zurücklässt.

So fuhr Dagmar mit uns eine Weile über die Insel und suchte etwas länger nach einem kleinen verborgen liegenden Feldweg im Landesinneren. Wir fuhren vorbei an riesigen Ananasfeldern, bis der Wagen unerwartet stoppte. Hier im "Niemandsland", fernab von allen Touristenrouten, offenbarte sich uns eine alte heilige Stätte der Hawaiianer.

Unser Blick fiel auf eine Ansammlung von Steinen und Felsbrocken unterschiedlicher Größe, die offenbar mit System angeordnet waren. Bevor Dagmar uns erklärte, wo genau wir uns befinden, bat sie uns, eine Weile still zu sein und diesen Ort auf uns wirken zu lassen. Ja, wir spürten tatsächlich eine ganz besondere Energie.

Schließlich erklärte Dagmar, dass dies ein heiliger Ort sei, an dem viele Könige und Herrscher geboren wurden, die auf den hawaiianischen Inseln lebten. Einer alten Überlieferung zufolge hatte nämlich nur Anrecht auf den Thron, wer hier an diesem heiligen Platz geboren wurde. Und so reisten die hochschwangeren Herrscherfrauen, oft unter schwierigsten Bedingungen - auch von den weiter entfernten anderen Inseln - an, um hier ihre Kinder zur Welt zu bringen.

Dagmar zeigte uns, wie die Schwangeren während des Geburtsvorgangs auf den Steinen saßen, wo die Feuerstellen waren und vieles andere mehr.

Es gab noch einen Grund, warum Dagmar uns an diese Stätte führte: sie wusste, dass unser Kinderwunsch bisher nicht erfüllt wurde, und hoffte, dass sich der Besuch dieses Ortes, an dem schon so viele Kinder geboren wurden, positiv für uns auswirken würde.

Wir beteten gemeinsam und schließlich legten wir die mitgebrachten Blumenleis von unserer Hochzeit feierlich über die alten Steine.

Viele denken bei der Insel Oahu nur an die Großstadt Honolulu. Aber diese Insel hat weitaus mehr zu bieten. Es gibt hohe Berge, die traumhaftesten Sandstrände, im Winter die höchsten Wellen und, überwiegend nur Einheimischen bekannte, heilige Orte.

Unsere letzten Tage auf Oahu gingen viel zu schnell vorüber und schließlich hieß es, endgültig

Abschied zu nehmen von den hawaiianischen Inseln.

Voller Wehmut in unserem Herzen brachen wir schließlich auf zu dem letzten Etappenziel unserer Reise. Wir hatten noch einen dreitägigen Zwischenstopp in San Francisco gebucht.

Wir waren noch nie dort gewesen und "diese Stadt", so meinte damals die Dame in unserem Reisebüro bei der Zusammenstellung der Reise, "dürfe man sich einfach nicht entgehen lassen. Wer weiß, wann sich mal wieder die Gelegenheit bietet!"

Nur zu gerne hatten wir uns überzeugen lassen, dass dieser Zwischenstopp ein unbedingtes "Muss" ist - auf das wir, im Nachhinein betrachtet, allerdings liebend gerne verzichtet hätten.

San Francisco

Am 09.09.2001 landeten wir sicher, wieder mit einer Maschine von "United Airlines", auf dem Flughafen San Francisco. Dort hatten wir ja schon auf unserer Hinreise eine viel zu kurze Nacht verbracht. Nun würden wir Gelegenheit haben, die laut Reiseführer "schönste Stadt der Vereinigten Staaten" in aller Ruhe zu erkunden.

Mit einem Taxi ließen wir uns zu unserem recht zentral gelegenen Hotel chauffieren. Nachdem wir die Koffer in unserem kleinen "Hinterhof-Zimmer" abgestellt hatten, machten wir uns auf den Weg zum Hafen. Der Großstadtlärm war nach vier Wochen Hawaii ganz schön gewöhnungsbedürftig, ebenso wie die hier herrschenden Temperaturen.

Irgendwie waren wir in der irrigen Annahme gewesen, dass es in Kalifornien und speziell in der weltbekannten Flower-Power-Hippy-Metropole Anfang September auf jeden Fall sehr warm zu sein hat. Dass dies für San Francisco allerdings nicht unbedingt zutreffen muss, hatten wir nun von unserem Taxifahrer erfahren.

Morgens war es vielfach nebelig, vom Wasser her blies ein eiskalter Wind, und nur in geschützten sonnigen Ecken stieg das Thermometer auch schon mal über 20 Grad. Zudem sollte es in diesem Jahr deutlich kälter sein, als gewöhnlich.

Mit anderen Worten: es war saukalt für sonnenverwöhnte Hawaii-Urlauber wie uns. So führte unser erster Weg in ein Geschäft, in dem wir uns Flies-Jacken und Schals gegen den eisigen Wind zulegten.

Abends saßen wir in einem Restaurant in Fisherman´s Wharf und probierten die Krebse, die dort überall angeboten werden. Das Essen war hervorragend und entschädigte uns für die Kälte und den Großstadtlärm.

"Morgen ist ein neuer Tag, und dann sieht hier alles ganz anders aus", beruhigten wir uns.

Am nächsten Tag stürzten wir uns in das Großstadtleben. Unser erster Weg führte nach China-Town, wo wir mittags in einem Restaurant, allein unter Chinesen, mutig "Dim Sum" bestellten. Die Bedienung kam immer wieder mit kleinen geflochtenen und mit einem Deckel zugedeckten Körbchen an unseren Tisch und forderte uns auf, vom Inhalt zu kosten. Vieles sah uns aber einfach zu abenteuerlich aus, als dass wir das Bedürfnis verspürt hätten, davon zu probieren.

Es war toll, die vielen Chinesen zu beobachten und die, für uns fremdartige, Atmosphäre einmal zu erleben.

Schließlich führte uns unser Weg weiter durch das direkt angrenzende italienische Viertel, in dem wir auf einen Espresso eine Pause einlegten, weiter zu den Pieren. Wir buchten eine Hafenrundfahrt, die vorbei an Alcatraz Island, der berühmten Gefängnisinsel, und unter der Golden Gate Bridge durch führte. Der Genuss dieser Tour wurde allerdings, trotz Fliesjacken und Schals, durch die ungewohnte Kälte deutlich geschmälert. Schließlich entdeckten wir am berühmten "Pier 39" die Seelöwen, die sich dort vor ein paar Jahren, nach einem Erdbeben, keiner weiß genau warum, niedergelassen haben.

Zu Hunderten liegen sie auf bereitgestellten Flößen und aalen sich in der Sonne. Lange schauten wir ihnen bei ihrem lustigen und lautstarken Treiben zu.

Abends im Hotel wurden wir plötzlich in Deutsch von einem jungen Pärchen mit den Worten: "Wir kennen Euch!" begrüßt. Wir waren irritiert, denn wir konnten uns nicht erinnern, die Beiden jemals gesehen zu haben. Sie bemerkten unsere Verwirrung und meinten dann lachend:

"Wir haben Euch in Honolulu gesehen, bei der Kodak-Hula-Show!" Ich sag es ja: "Die Welt ist ein Dorf!"

Als wir abends im Bett lagen, meinte ich zu Wolfgang: "Irgendwie kann ich mich nach den "Wahnsinns-Erlebnissen" auf Hawaii mit San Francisco nicht so richtig anfreunden. Ich bin auch einfach nicht mehr aufnahmefähig und freue mich, wenn wir übermorgen wieder zuhause sind!"

Wolfgang stimmte mir zu und meinte auch, dass er das bisher Erlebte erst einmal verdauen müsse, ehe er wieder neue Eindrücke aufnehmen kann. Für "Sightseeing" habe er im Moment keinen richtigen Sinn. So schliefen wir schließlich ein mit der Vorfreude auf Zuhause und mit sehnsüchtigen Gedanken an unser geliebtes Hawaii.

Einen Tag in San Francisco galt es noch zu überstehen. Es war übrigens der 11. September 2001. DER besagte 11. September, der die Welt nachhaltig verändern sollte.

An diesem Morgen schien alles noch ganz friedlich zu sein. Nach dem Frühstück schlenderten wir entlang der Fisherman's Wharf und ich erfüllte mir einen langgehegten Wunsch, der eigentlich nicht mehr so richtig in unser Urlaubsbudget passte. In einem Juwelierladen erstand ich einen sündhaft teueren, recht großen, goldenen Delfin, der als Kettenanhänger gearbeitet war. Der Delfin steht für mich als Sinnbild für Liebe und Freiheit.

Ich erstand ihn am Morgen des 11. September, der auf so traurige Weise Weltgeschichte geschrieben hat. So wird der Delfin mich immer daran erinnern, das Glückseligkeit und tiefe Verzweiflung oft ganz nahe beieinander liegen, dass aber letztendlich die Liebe siegen wird. Aber von alledem wusste ich zu diesem Zeitpunkt noch nichts.

Glücklich über mein besonderes Souvenir, setzten wir unseren Bummel entlang dem Wasser fort und erreichten schließlich Pier 39. Wir wollten den Seehunden wieder einen Besuch abstatten. Zu unserer Überraschung wurde gerade das ganze Pier weiträumig abgesperrt und alle Geschäfte wurden geschlossen.

"Was ist denn da los?", fragten wir uns. Unsere Vermutungen reichten von "Bombendrohung" über "Killervieren" bis hin zu "Mordfall".

Ich sprach einen Polizisten an und fragte, warum denn alles abgesperrt wird.

"Anordnung vom Weißen Haus", meinte er nur.

Wir waren erstaunt. Wenn sich sogar das Weiße Haus einschaltet, muss ja schon etwas Ernstes passiert sein, befürchteten wir. Wir konnten uns keinen Reim darauf machen.

Also beschlossen wir, uns die Stadt vom höchsten Hügel aus, dem Telegraph-Hill, anzuschauen. Wir kämpften uns also die Anhöhe hinauf, nur um oben festzustellen zu müssen, dass der sich dort befindliche Aussichtsturm ebenfalls abgesperrt war.

Wir verstanden die Welt nicht mehr. Als wir, anscheinend relativ laut, über die Gründe dieser Aktion diskutierten, wurden wir von ostdeutschen Urlaubern angesprochen, die unsere Unterhaltung mitbekommen haben mussten.

Es handelte sich um zwei Pärchen mittleren Alters, die eine Las Vegas - San Francisco - Bus-Rundreise machten.

Einer der Männer berichtete, er habe morgens im Fernsehen gesehen, dass zwei Flugzeuge ins World Trade Center reingeflogen sind und dann alles zusammengebrochen ist. Es handele sich wahrscheinlich um ein Attentat. Auch ein weiteres Flugzeug sei aus noch unbekannten Gründen zur selben Zeit abgestürzt. Es gäbe Hunderte von Toten. Eben, weil es sich wahrscheinlich um ein Attentat handele, würden sicherheitshalber alle Flüge innerhalb der USA bis auf Weiteres eingestellt. Man vermute die Drahtzieher in der islamischen Welt und es sei zu befürchten, dass es zu einem Krieg komme, denn das werden sich die Amerikaner wohl nicht so einfach gefallen lassen. Dann verabschiedeten sich die Ostdeutschen mit den besten Wünschen.

Da standen wir nun auf dem Telegraph-Hill und verstanden die Welt nicht mehr. Ich merkte, wie mir schwindelig und meine Beine weich wurden.

Schließlich sagte Wolfgang: "Ich glaube das nicht, bestimmt haben die irgendetwas falsch verstanden. Vielleicht war das auch nur ein blöder Scherz im Fernsehen oder ein neuer Science-Fiction-Thriller. So was gibt es doch nicht!"

Mir war jedoch aufgefallen, dass tatsächlich den ganzen Morgen über, im Gegensatz zum vorausgegangenen Tag, kein einziges Flugzeug am Himmel aufgetaucht war. Wir beschlossen, zum Hotel zurück zu gehen und uns selbst ein Bild darüber zu machen, was von der schrecklichen Info zu halten ist. Nervös traten wir den Rückweg an und schalteten den Fernseher auf unserem Zimmer an. Was da auf sämtlichen Kanälen zu sehen war, übertraf an Brutalität unsere schlimmsten Erwartungen: aufgeregte Berichterstattung, Interviews mit verzweifelten Überlebenden und immer und immer wieder die gleichen schrecklichen Szenen.

Da saßen wir nun hier, fern der Heimat, und es war völlig unklar, ob wir am nächsten Tag wie geplant unseren Rückflug würden antreten können. Ich wählte die Nummer von "United Airlines". Natürlich war kein Durchkommen. Dann fragten wir an der Rezeption nach. Auch dort konnte uns keiner Auskunft geben, ob am nächsten Tag Flüge gehen würden. Also gingen wir wieder zurück auf unser Zimmer und schalteten den Fernseher erneut an.

Sich dauernd wiederholend wurden die gleichen furchtbaren Einsturz-Sequenzen des New Yorker World Trade Centers gezeigt. Die aufgeregten Reporter mit ihren sich überschlagenden Stimmen waren für uns kaum zu verstehen und immer wieder bekamen wir, wie es uns schien, an entscheidenden Stellen wesentliche Worte nicht mit. Ich fühlte mich hilflos wie noch nie. Warum nur war mein Englisch nicht besser? Und Wolfgang quasselte immer wieder fragend dazwischen:

"Was haben die da gerade gesagt? Was steht da unten als Informationstext. Kannst Du das übersetzen?" Mir schwirrte der Kopf.

Schließlich glaubte ich, verstanden zu haben, dass am nächsten Morgen um 11.00 Uhr der Flughafen San Francisco wieder geöffnet werden soll. Unser Flug war für 14.00 Uhr vorgesehen. Also hieß es jetzt hoffen und beten. Wir packten unsere Koffer und verbrachten anschließend eine sehr unruhige Nacht. In regelmäßigen Abständen schalteten wir den Fernseher ein. Aber die Informationen, auf die wir warteten, erhielten wir nicht.

Mein Blick fiel immer wieder auf ein von mir in San Francisco erworbenes Keramikschild mit einem Engel und der Aufschrift: "guardian engel on duty" (Schutzengel im Einsatz).

"Dann beschützt uns mal schön!", murmelte ich leise.

Am Morgen schließlich die Info, dass am Flughafen San Francisco die ersten Privatjets gestartet sind. Ein Hoffnungsschimmer! Die Telefonleitungen waren unverändert überlastet und ein Durchkommen zu den Eltern nach Hause, sowie zu "United Airlines" oder zum Flughafen nicht möglich, obwohl ich mir die Finger wund wählte.

Am nächsten Morgen bat ich an der Rezeption um Hilfe, wurde aber recht unhöflich abgewiesen. Schließlich bot sich eine freundliche Engländerin an, mich zu unterstützen. Gemeinsam gingen wir zur Rezeption. Fakt war, dass definitiv keiner Bescheid wusste.

Plötzlich kamen einige Stewardessen in die Eingangshalle. Diese müssten doch eigentlich informiert sein! Ich ging also zu ihnen hin und stellte wieder meine Frage. Sie meinten jedoch, dass es keinen Sinn habe, zum Flughafen zu fahren, da wir da gar nicht erst reingelassen würden. Linienflüge würden im Moment noch keine gehen.

Wir überlegten verzweifelt, was wir jetzt tun können. Schließlich entdeckten wir in der Lobby ein deutsches Pärchen, das wir direkt ansprachen. Die beiden waren schon in der Botschaft und in einem Flugbüro gewesen. Sie hätten schon am Vortag fliegen sollen und hatten nun einen Flug bekommen für in 8 Tagen. Wir dachten, wir hören nicht richtig. Die Vorstellung, eventuell auch noch so lange in dieser Stadt festzusitzen, mit der wir uns nicht richtig anfreunden konnten, erschreckte uns sehr.

Aber immerhin hatten wir den guten Tipp erhalten, uns an das Flugbüro zu wenden. Für alle Fälle tauschten wir mit den beiden Deutschen noch die Namen und die Zimmernummern aus.

Nun machten wir uns auf den Weg zu dem Flugbüro von United Airlines. Es gab eine gute Verbindung mit der berühmten "cable car", die wir nutzten. Die Fahrt mit dieser historischen Bahn war schon ein Erlebnis und unter anderen Umständen hätten wir sie sicherlich sehr genossen. Nun waren wir mehr damit beschäftigt, die richtige Haltestelle auf der California Street im "Financial District" zu erwischen, um dort auszusteigen. Schließlich hatten wir das Flugbüro erreicht. Erwartungsgemäß war es dort sehr voll. Die Menschenmenge der Wartenden reichte bis auf die Straße. Alle waren sehr aufgeregt und ein

Stimmengewirr in den verschiedensten Sprachen drang aus der Wartehalle. Wir reihten uns also geduldig hinten in die Reihe ein - und warteten und warteten und warteten.

Nach vier Stunden kamen wir endlich an die Reihe.

Die Angestellten von United Airlines waren sehr freundlich und taten ihr Bestes. Allerdings waren auch sie ratlos. Keiner konnte genau sagen, wann wieder Linienflüge von San Francisco aus starten würden. So erhielten wir eine Umbuchung unseres Fluges für den 19. September mit dem Hinweis, dass auch diese Buchung nur unter Vorbehalt gültig sei.

Ich merkte, wie mir erneut schwindelig wurde. Wir hingen also in dieser Stadt fest, die ich so gerne heute verlassen hätte. Ich bin ja überzeugt davon, dass alles, was passiert, einen Sinn hat. So fragte ich mich, was das alles nun zu bedeuten hat, fand jedoch im Moment keine Antwort.

Mir war einfach nur schlecht. Ich fühlte mich gefangen in dieser kalten, nebligen und lauten Großstadt und sehnte mich nach Zuhause oder zumindest nach Hawaii zurück. Warum mussten wir auch diesen Zwischenstopp in San Francisco einplanen? Da haben wir urlaubstechnisch wieder nicht den Hals vollgekriegt und jetzt hatten wir unsere Urlaubsverlängerung - aber richtig!

Viele Gedanken schossen ungeordnet durch meinen Kopf und es tauchte auch die Frage auf, was nun mit unserer Vernunft-Geld-Firma geschehen würde. Konnte unsere Urlaubsvertretung Mara noch so lange die Stellung halten? Auf jeden Fall würden wir sie anrufen müssen. Aber genaugenommen interessierte mich nur eine Frage: Wie sollte ich es noch 7 Tage hier aushalten. Sicher wird jetzt der eine oder andere Leser zu Recht denken, dass es Schlimmeres gibt, als in San Francisco festzusitzen. Aber uns war diese Stadt im Moment einfach zu laut, zu kalt und zu dunstig.

Wir sehnten uns nach Hawaii zurück. Nach den geballten Erlebnissen der vergangenen Wochen waren wir nicht mehr aufnahmefähig und hatten keinen Sinn für Stadtbesichtungen.

"Ich bin undankbar!", schoss es mir dann durch den Kopf.

Wir sind gesund, wir leben. Was sollen denn die Angehörigen der Attentats-Opfer sagen? Ich schämte mich in diesem Moment für mein Selbstmitleid. Dennoch: mir wackelten die Knie und es dauerte noch eine Weile, bis ich in der Lage war, den Rückweg in unser Hotel anzutreten. Wolfgang ging es ähnlich wie mir.

Da dachten wir nun, unsere Lage wäre "besch...en", aber es gibt immer noch Steigerungen. Im Hotel angekommen, teilte man uns nämlich mit, dass wir in genau 30 Minuten unser Zimmer zu räumen hätten.

Die neuen Gäste seien schon eingetroffen und bereits leicht ungehalten. Für unsere Lage hätte man zwar grundsätzlich Verständnis, aber man sei leider völlig ausgebucht – "c'est la vie!".

Obdachlos in San Francisco! Das konnte ja heiter werden!

Wir schleppten uns auf unser Zimmer und ich konnte einfach nicht anders; ich brach in einen hemmungslosen Heulkrampf aus. Als ich mich einigermaßen im Griff hatte, nahmen wir unsere gepackten Koffer und schlichen uns kraftlos in die Hotel-Lobby. Als die Mitarbeiter an der Rezeption mein verheultes und mit hektischen Flecken übersätes Gesicht sahen, schienen sie doch etwas betroffen zu sein. Jedenfalls sagten sie auf meine Bitte hin zu, dass wir unsere Koffer so lange im Gepäckraum abstellen können, bis wir eine neue Bleibe gefunden haben.

Ich telefoniere nicht gerne. Ganz besonders nicht in einer mir fremden Sprache. Wolfgangs traurige Augen schienen zu sagen: "Sorry, Liebling, ich würde ja gerne telefonieren, aber mit meinem Englisch?...". Und so riss ich mich zusammen, überwand meine natürliche Ablehnung gegenüber Telefonhörern und rief ein Hotel nach dem anderen an. Nach endlosen Fehlversuchen sagte das Holiday Inn Hotel, Ecke Van Ness Avenue / California Street, zu, dass wir dort einziehen können.

Natürlich fiel uns ein riesiger Stein vom Herzen und ich war jetzt auch wieder einigermaßen "Herrin" der Lage. Mit einem Taxi machten wir uns auf den Weg zu unserer neuen Bleibe. Unterwegs sagte ich zu Wolfgang:

"Du wirst sehen, das neue Hotel ist bestimmt viel schöner als das alte! Wie hieß noch der Spruch? Ach ja: **Wenn Du etwas verlierst, kommt immer etwas Besseres hinterher!**"

Und so war es auch. Wir wurden überaus freundlich empfangen und fühlten uns direkt wohl dort. Unsere Koffer mochten wir jedoch nicht auspacken. Lieber wollten wir in jedem Moment für unsere Abreise bereit sein, falls sich eine Gelegenheit bieten würde.

An diesem Abend blieben wir im Hotel, denn wir waren zu erschöpft, um noch irgendetwas zu unternehmen. Wir hörten über unsere tragbaren CD-Player hawaiianische Musik, die uns sehr tröstete.

Wir überlegten, was für Alternativen wir haben, wenn wir nicht per Flugzeug nach Hause kommen könnten. Unsere weitere Sorge galt den Gerüchten, es könne eventuell zu einem Krieg kommen. Und waren weitere Attentate zu befürchten? Vielleicht sogar auf unserem Rückflug oder hier in San Francisco? Letzteres war möglicherweise gar nicht so abwegig, denn die wichtigsten Sehenswürdigkeiten wie die Golden Gate Bridge, Pier 39 usw. blieben weiterhin gesperrt.

Wer war der Drahtzieher dieser Attentate und wie würde es nun weitergehen? Schließlich beschlossen wir jedoch, den Engeln zu vertrauen, dass für uns alles gut wird und schliefen schließlich mit einer Menge Hoffnung im Herzen ein.

Die nächsten Tage verliefen ziemlich gleich. Wir schauten morgens aus einem schmuddeligen Fenster im 14. Stock auf San Francisco im Nebel, machten uns frisch und fuhren dann zunächst mit der "cable car" zum Flugbüro – immer in der Hoffnung, das vielleicht ein früherer Flug frei ist. Nach anderthalb bis zwei Stunden Wartezeit dort, streiften wir dann, trotz der neuerworbenen Flees-Jacken immer noch frierend, durch die Straßen.

Gegen Mittag fanden wir uns dann stets im italienischen Viertel in einem netten Restaurant ein. Auch Zuhause gehen wir gerne "Italienisch" Essen, und so hatten wir hier bei den "amerikanischen Italienern" ein wenig das Gefühl, Zuhause zu sein.

Es gab einige Tische draußen an der Straße vor dem Restaurant, windgeschützt und mit Heizöfen ausgestattet. Zudem riss meist genau zur Mittagszeit der Nebel auf und die Sonne ließ sich blicken. Hier ließen wir uns nieder.

Schnell kamen wir mit den Kellnern und den weiteren Gästen ins Gespräch und der mehrstündige Aufenthalt an dem Stammplatz vor dem Restaurant gestaltete sich stets sehr kurzweilig. Das

Stadtleben von San Francisco lief hier wie auf einer Kinoleinwand an uns vorbei. Mit der Zeit stellten wir fest, das jeden Tag die gleichen Leute an uns vorbeigingen - teilweise sehr verrückte Typen, viele sehr arme Menschen und einige anscheinend erfolgreiche Geschäftsleute. San Francisco - die Stadt der Gegensätze. Einmal zog sogar ein Beerdigungszug, bestehend aus einer Blaskapelle und mindestens 40 Autos an uns vorbei. Eine Chinesin wurde zu Grabe getragen. Ihr Foto war auf einem riesigen Plakat zu sehen. Für diesen Zug war eigens die ganze Straße kurzfristig gesperrt worden.

Am gleichen Tag schleppte sich auch ein junger, ziemlich heruntergekommen wirkender Mann, vielleicht 20 Jahre alt und im Gesicht - vermutlich von einer Schlägerei - stark blutend an uns vorbei, als wir gerade genüsslich in unsere Pizza beißen wollten.

Der junge Mann brach nur wenige Meter weiter zusammen. Die obermachomäßig nach Mafia-Mitglieder aussehenden, aber in Wahrheit harmlosen Kellner aus "unserer" Pizzeria kümmerten sich sofort um ihn und riefen die Ambulanz.

Jedoch schien dieser Vorfall sonst niemanden weiter zu interessieren.

In Gesprächen mit anderen Gästen erfuhren wir, dass es allein in San Francisco etwa 10.000 Obdachlose gibt. Vor einigen Jahren wurden zuvor vorhandene Sozialstationen geschlossen, weil der regierende Gouverneur von Kalifornien die Ansicht vertrat, jeder sei für sich selbst verantwortlich und solle für sich selber sorgen.

Ich fühlte eine tiefe Dankbarkeit für unser großzügiges Sozialsystem in Deutschland und schämte mich dafür, mir in der Vergangenheit gelegentlich wegen meiner finanziellen Existenz Sorgen gemacht zu haben.

Bevor wir unser "Reality-TV"-Restaurant verließen, wurden wir von den Kellnern regelmäßig mit Tiramisu oder ähnlichen Köstlichkeiten auf Kosten des Hauses verwöhnt. Sie hatten viel Mitgefühl für unsere Lage.

Schließlich dachten wir uns: Wenn wir schon hier festsitzen, dann können wir auch das Beste aus unserer Situation machen. So lernten wir mit der Zeit San Francisco und vor allen Dingen die Menschen, die dort leben, besser kennen. Viele hilfsbereite Menschen, die auch, wenn es ihnen finanziell recht schlecht geht, gerne etwas für andere tun. Auch viele witzige und schrille Lebenskünstler gab es in der Stadt.

Am darauffolgenden Tag, wir hatten gerade wieder erfolglos für Stunden im Flugbüro in einer Warteschlange ausgeharrt, stand plötzlich und unerwartet an einer belebten Straßenkreuzung und neben einer "cable car" - Haltestelle ein farbiger Amerikaner vor uns und grinste uns von einem

Ohr zum anderen so offen und herzerfrischend an, dass es tief unser Herz berührte.

Wir machten uns nämlich gerade ziemlich betrübliche Gedanken darüber, wann wir wohl endlich nach Hause kämen; wann endlich das Flugverbot von der amerikanischen Regierung wieder aufgehoben würde. In tiefen, schweren Gedanken versunken liefen wir mechanisch Händchen-haltend nebeneinander in Richtung unseres Hotel zurück.

Und da stand dann plötzlich unser schwarzer Engel direkt vor uns. Wir sind ganz sicher, dass dies einer unserer persönlichen Schutzengel war. Zwar hatten wir uns noch nie mit der Frage beschäftigt, ob es im Himmel auch schwarze Engel geben könnte - aber dieser fröhlich grinsende Mann da vor uns in seiner Broadway-Fantasie-Uniform, mit weißem Zylinder, weißen Handschuhen und zweifarbigen Tap-Dance-Schuhen war hundertprozentig einer!

Er schien extra für uns an diesem Ort sichtbar geworden zu sein. Denn er tanzte und sang ganz offensichtlich nur für uns: "When you are smiling, when you are smiling, the whole world smiles at you...".

Wenn Du lächelst, wenn Du lächelst, lächelt die ganze Welt Dir zu...!

Er tanzte um uns herum und schaute uns ganz direkt, lächelnd zwar, aber auf eine seltsame Art sehr eindringlich in die Augen. " When you are smiling, when you are smiling, the whole world smiles at you...".

Wir schauten uns irritiert um. Kein anderer Passant nahm Notiz von dem verhinderten Musical-Star oder von uns. Es schien, als spiele sich das Ganze außerhalb dieser Realwelt in einem für uns eigens eingerichteten Parallel-Universum ab.

Wir waren wie vom Donner gerührt. Ich hatte plötzlich einen ganz dicken Kloß im Hals. Meine Augen füllten sich mit Tränen. Voller Wärme und Dankbarkeit sah ich diesen mir völlig fremden und doch so vertrauten Mann an. Und er lächelte und tanzte und sang:" When you are smiling, the whole world smiles at you...".

Er war kein Bettler, er war kein Straßenmusikant, denn nirgendwo entdeckten wir einen Hut mit Münzen oder einen offenen Geigenkasten, auch hielt uns der "schwarze Engel des Mutes und der Hoffnung", wie wir ihn nachher nannten, keine Hand für ein Almosen entgegen. Seine Broadway-Fantasieuniform sah nagelneu aus und blitzte nur so vor Sauberkeit.

Die Fußgänger-Ampelanlage an der Kreuzung sprang auf "Walk" um. Zögernd nur konnten wir uns von dem wunderlichen Mann losreißen. Auf der anderen Straßenseite drehten wir uns nochmals nach dem Tänzer um. Er war verschwunden. Auf dem großen Platz an der Kreuzung, wo er nur ein paar Sekunden vorher noch getanzt und gesungen hatte, war Leere, liefen Passanten vorbei. Er war einfach weg.

War sein Auftrag erfüllt? Wir diskutierten angeregt darüber und stellten angenehm fest, dass unsere trübe Stimmung wie weggeblasen war und in uns eine neue Kraft wuchs. Fröhlich setzten wir mit federnden, fast tänzelnden Schritten den Weg zu unserem Hotel fort. " When you are smiling, when you are smiling, the whole world smiles at you...".

Zweimal trafen wir uns mit den Eheleuten Baumann. Das war das nette Pärchen, das uns am morgen des 12. September den Tipp gegeben hatte, das Flugbüro auf der California Street aufzusuchen.

Die Baumanns gingen jeden Tag auf "Sightseeing-Tour" und berichteten uns dann von ihren Erlebnissen. Wir selbst hatten ja ein etwas ruhigeres Programm, da wir schon mit den Hawaii-Erlebnissen "randvoll" waren und einfach nichts mehr aufnehmen konnten.

Auch der Heimflug der Baumanns war, wenn auch mit einer anderen Fluggesellschaft, für den Vormittag des 19. September vorgesehen. So beschlossen wir, uns gemeinsam ein Taxi zum Flughafen zu organisieren. Jedoch war immer noch unklar, ob unsere Flüge planmäßig starten würden. Zwar waren nun wieder, zu unserer Beruhigung, vereinzelt Flugzeuge am Himmel zu entdecken, aber Mara, die sich Zuhause - so gut es ging - um unsere Vernunft-Geld-Firma kümmerte, teilte uns mit, dass bis jetzt die meisten Flüge wieder gestrichen wurden. Sie war uns eine große Stütze in dieser Zeit. Sie informierte und beruhigte meine Eltern zuhause und hielt uns auf dem Laufenden. Über das Internet beobachtete sie die Durchführung oder Streichung der einzelnen Flüge.

Am Morgen des 18. Septembers, gegen 5.30 Uhr Ortszeit, klingelte das Telefon in unserem Hotelzimmer. Es war Mara. Sie teilte uns mit, dass unser morgiger Flug auch gestrichen sei. Ein resigniertes Aufstöhnen war die Antwort.

Sie hatte sich aber schon mit unserem Reisebüro in Verbindung gesetzt und es gäbe am nächsten Tag eine andere Verbindung. Erst von San Francisco nach Denver, dann acht Stunden später von Denver nach Boston und von Boston einen Tag später nach Düsseldorf. Die Flüge hatte unser Kölner Reisebüro schon für uns gebucht. Jedoch mussten wir irgendwie an die Tickets rankommen. Da man aus Sicherheitsgründen ohne Ticket nicht in den Flughafen hereingelassen wurde, fiel diese Möglichkeit weg.

Wir mussten also wieder zum Flugbüro in der California Street. Wir waren sehr nervös. Obwohl das Flugbüro erst um acht Uhr morgens öffnete, standen wir schon um kurz vor sieben Uhr als erste vor der Tür. Ich wollte so schnell wie möglich wissen, ob die in Köln gebuchten Tickets tatsächlich hier abrufbar sind und ob wir diese, wenn auch sehr abenteuerliche und umständliche Flugverbindung würden nehmen können.

Während ich so wartete und Wolfgang im nächsten, bereits geöffneten Starbucks-Coffee-Shop frischen, heißen Kaffee holte, erhielt ich von einer sehr netten Amerikanerin, die ihren beabsichtigten Flug in die Türkei wegen der Ereignisse stornieren wollte, für Wolfgang und mich eine Einladung zum Chili-Essen für den heutigen Abend, für den Fall, dass wir dann noch da sind....

Schließlich wurde es acht Uhr und ich stand in einer langen Schlange als erste vor dem Schalter von United Airlines. In meinem inzwischen recht flüssigen Englisch erklärte ich der Dame am Schalter unsere Lage und informierte sie, dass laut Internet der für uns reservierte Flug für den morgigen Tag storniert worden ist. Zu unserer Freude waren die Tickets für den von Mara in Köln für uns gebuchten neuen Flug hier abrufbar.

Die nette United-Mitarbeiterin gab mir die Tickets und - als ich schon gehen wollte, bat sie mich noch einen Augenblick zu warten.

Auf Ihrem Gesicht lag ein verheißungsvolles Lächeln.

"Haben Sie schon gepackt?" Ich nickte.

"Heute um 11.30 Uhr geht ein Flug nach Chicago und von da aus nach Düsseldorf. Es ist zwar sehr knapp mit der Zeit, aber vielleicht können Sie es noch schaffen. Ich gebe Ihnen die anderen Tickets auch mit, für den Fall dass Sie den heutigen Flug nicht mehr erreichen. Viel Glück!".

Ich rannte raus und suchte Wolfgang. Gottseidank, da stand er mit seinem Becher Kaffee von "Star Bucks" an der Straße.

"Wolfgang, wir können heute um 11.30 Uhr fliegen, wenn wir uns beeilen! Wir brauchen ganz schnell ein Taxi!", rief ich ihm zu.

Die Engel erhörten unser Flehen, denn sofort wie auf Zuruf kam auch schon eines dieser gelben Taxis angerollt.

Wolfgang lief rufend und winkend auf das Taxi zu, gottlob – es war frei. Ich erklärte dem jungen Mann am Steuer unsere Situation und bat ihn, er solle erst zu unserem Hotel fahren und dort warten, während wir schnell auschecken und uns dann so schnell wie möglich zum Flughafen bringen. Gesagt getan.

Im Holiday Inn angekommen rannten wir in die Hotellobby und ich rief: "Wir müssen uns beeilen, wir haben einen Flug um 11.30 Uhr". "No problem", kam die Antwort, "wir haben ihre Kreditkartennummer. Lassen Sie einfach den Schlüssel im Zimmer liegen!"

Endlos lange warteten wir auf den Aufzug zum 14. Stock. Ach Du Schreck! Ausgerechnet jetzt mussten wir beide, als wenn wir uns abgesprochen hätten, vor lauter Aufregung auch noch Durchfall bekommen!

In unserem Zimmer schmissen wir schnell die wichtigsten herumliegenden Sachen in unsere überwiegend gepackten Koffer, wechselten uns noch mit der Toilette ab, was wertvolle Minuten unserer Zeit kostete und hechteten dann los.

Haben wir vielleicht etwas Wertvolles zurückgelassen? Das war in dieser Situation völlig unwichtig. Jetzt galt es, keine Zeit zu verlieren. Wir waren sehr spät daran. Wegen der verschärften Kontrollen war angekündigt worden, man solle spätestens 4 Stunden vor dem Abflug am Flughafen sein. Und uns blieben schon jetzt nur noch rund 2 Stunden übrig.

Der nette junge Taxifahrer italienischer Abstammung lud unser Gepäck ein und los ging es zum Flughafen. Jedoch ging es mir nicht schnell genug. Da fragte ich unseren Fahrer, ob er Michael Schumacher und Ferrari kennen würde. Er nickte heftig und mit einem Leuchten in den Augen, verstand meinen Hinweis, reckte kampfesmutig das eckige Kinn vor und zeigte uns anschließend, dass in ihm ein verhinderter Formel 1 - Rennfahrer steckt. Er vergaß dabei wohl, dass er ein schon ziemlich betagtes Taxi kutschierte. Denn das Vehikel schaukelte sich auf den langen Bodenwellen der großen Brücken gefährlich hoch auf. Wir kamen uns vor wie bei einem Ritt auf einem Rennkamel in der Wüste.

Zum Glück war kein Polizist zu sehen, denn in diesem Tempo war vermutlich schon lange niemand mehr den Highway zum Flughafen gefahren.

Mit quietschenden Reifen, fast wie im Film, stoppte unser Taxidriver gegen 10 Uhr vor dem Flughafen. Schnell luden wir die Koffer aus, gaben dem hilfsbereiten, auf seinen Geschwindigkeitsrekord stolzen Fahrer ein großzügiges Trinkgeld und rannten los.

Im Flughafengebäude herrschte Chaos. Riesige Menschenmassen eilten hektisch und scheinbar planlos umher.

Zum Glück war genug Flughafenpersonal zur Stelle, um Auskunft zu geben.

So erfuhren wir, dass wir uns im Abfertigungsbereich für "internationale" Flüge befinden.

Wir müssten jedoch zum "nationalen" Teil rüber, da unser erster Flug nach Chicago, also noch innerhalb der USA, ging.

Dieser Teil des Flughafens lag am anderen Ende, mindestens 2 km entfernt. Oh, ich liebe, große, internationale Flughäfen!

Wir rannten also, jeder mit zwei großen Koffern und einem Rucksack bepackt, los. Ich vorne und Wolfgang hinterher. Uns standen die Schweißperlen im Gesicht und wir waren klatschnass geschwitzt, als wir etwa gegen 10.20 Uhr am richtigen Teil des Flughafens ankamen. Nur noch eine gute Stunde Zeit. Würde man uns noch in den Flieger reinlassen?

Wir mussten erst zum Schalter und unsere Tickets vorzeigen und dann mit unseren Koffern noch mal durch den halben Flughafen zu einer großen Durchleuchtungsmaschine. Dann wurde unser Handgepäck kontrolliert und dann endlich standen wir in der Abflughalle am "Boarding-Schalter".

Ich schaute mich um. Vor uns wartete ein indisches Ehepaar an der Gepäckkontrolle und deren ganzer Kofferinhalt lag zerwühlt neben den Koffern auf dem Boden. Sicherheitskräfte rissen das Innenfutter des Koffers heraus und befühlten die Innenwände akribisch. Die Inder schauten betroffen und betreten auf den Boden und wagten nicht, sich zu rühren.

Jeder, der in diesen Tagen irgendwie aussah, als käme er aus den orientalischen Ländern, hatte es verdammt schwer. Er wurde überall mit unverhohlen misstrauischen und ängstlichen Blicken angesehen. Was, wenn das auch Terroristen waren? In deren Haut, da waren Wolfgang und ich uns einig, wollten wir in keinem Fall stecken.

Es war 11.11 Uhr und wir hatten es geschafft! Jetzt musste nur noch unser Flieger starten und zwar möglichst ohne irgendwelche Terroristen an Bord! Ich muss zugeben, ich hatte Angst vor einer weiteren Flugzeugentführung. Aber dies war der einzige praktikable Weg möglichst schnell nach Hause zu kommen, und nach Hause wollte ich auf jeden Fall.

Wir sahen, wie das Bordpersonal von United Airlines die Gangway zum Flugzeug betrat. Gerade die Bediensteten dieser Fluggesellschaft hatten ja durch zwei der Flugzeugattentate viele ihrer Kollegen verloren und dies war nach den schrecklichen Vorfällen ihr erster Flug. Ich sah Sorge und Angst in ihren Gesichtern. Eine Stewardess weinte leise vor sich hin, aber sie stieg in die Maschine ein und machte ihren Dienst. Ich fühlte große Hochachtung vor diesen Menschen. Gemeinsam würden wir unsere Angst besiegen!

Nachdem wir im Flugzeug unsere Plätze eingenommen hatten, ließ ich meinen Blick über die Mitreisenden gleiten. Ein buntes Gemisch der verschiedensten Rassen saß in dem Flugzeug. Natürlich fragte ich mich, ob einer unter ihnen ein Terrorist sein könnte. Und da fand ich schon jemanden schräg vor mir. Ein sehr arabisch wirkender junger Mann mit Aktenkoffer. Ich konnte nicht raus aus meiner ängstlichen Haut: Argwöhnisch beobachtete ich während des gesamten Fluges jede seiner Bewegungen.

Mit einigen Minuten Verspätung hob das Flugzeug ab. Wir waren auf dem Weg nach Hause.

Jetzt galt es nur noch die Angst loszulassen. Ich summte hawaiianische Lieder und dachte an das Schwimmen mit den Delfinen, unsere Hochzeit und all die anderen wundervollen Eindrücke unserer Reise. Das half ein wenig. Doch jedes Mal, wenn der Araber sich bewegte oder eine der supernervösen Stewardessen vorbeikam, waren meine Nerven zum Zerreisen gespannt. Hatte das Bordpersonal einfach nur Angst wie ich, oder spielte sich in dem Flugzeug gerade etwas ab, von dem ich noch nichts wusste?

Schließlich beschloss ich, einfach Vertrauen zu haben zum Universum und zum Leben - und ich wurde tatsächlich sehr viel ruhiger.

Abgesehen von der allgemein sehr angespannten Atmosphäre verlief der Flug ohne besondere Vorkommnisse, und nach mir endlos erscheinenden Stunden landeten wir schließlich auf dem Flughafen Chicago. Die erste Etappe unseres Rückflugs war geschafft.

Der Flughafen Chicago ist sehr groß und ein wichtiger Knotenpunkt in den USA. Deshalb gab es hier auch eine besonders hohe Sicherheitsstufe: zahlreiche Kontrollen und an jeder Ecke bis an die Zähne bewaffnete Sicherheitsbeamte.

Auch hier war die Atmosphäre mehr als gespannt. Wir konnten es förmlich knistern hören. Aus den Lautsprechern dröhnte zu meiner Verwunderung Marschmusik.

"Die Amis machen sich Mut mit dieser Art von Musik, so etwas wie Trotz..." mutmaßte mein alles wissender Göttergatte.

Wir machten uns frisch und kauften mit den letzten Dollars Mineralwasser und Pommes Frites. Während der gut zweistündigen Wartezeit bis zu unserem Weiterflug ging ich in dem Terminal auf und ab, während Wolfgang sich in eine Computerzeitschrift vertiefte.

Es zeichnete sich schon in der Wartehalle ab, dass überwiegend Deutsche und einige wenige Engländer und Amerikaner in dem Flugzeug sitzen würden. Auch die Flugbesatzung war deutscher Nationalität und deutlich nervenstärker als die vorherige Crew. Als das Flugzeug endlich vom Boden abhob in Richtung Heimat wusste ich, das wir nach viereinhalb geplanten- und einer ungeplanten Woche gesund nach Hause kommen würden.

Und so war es dann auch. Es irritierte uns noch etwas, das bei unserer Landung in Düsseldorf mehrere Panzerwagen des Bundesgrenzschutzes auf die Landebahn rollten und das Flugzeug bis zu seinem endgültigen Stopp begleiteten und dann waren wir Zuhause!

Meine Freude und Dankbarkeit, wieder in Deutschland zu sein, war grenzenlos. So toll es in der Ferne auch sein mag, die Heimat ist doch etwas ganz Besonderes!

War das ein Abenteuer!

Aber, was ich noch nicht wusste: Das Abenteuer hatte eben erst begonnen.

Wieder zuhause!

Unser Auto hatten wir in der Tiefgarage am Flugplatz abgestellt, in der uns jetzt eine "saftige" Parkrechnung erwartete. Noch mit letzter Kraft die Koffer im Auto verstaut und dann ging es nach Hause.

Es war ein erhebendes Gefühl, endlich wieder im heimatlichen Dorf, in der heimatlichen Straße und schließlich im eigenen Zuhause zu sein. Alles war wie bei unserer Abreise. Es hatte sich nichts verändert außer einer neu hinzugekommenen feinen Staubschicht auf unseren Möbeln.

Nur wir würden nach all den wunderbaren, aber auch sehr schwierigen Ereignissen nicht mehr die Selben sein.

Kurz informierte ich noch telefonisch meinen erleichterten Vater, dass wir wieder Zuhause sind und dann sanken Wolfgang und ich in einen langen und tiefen Schlaf.

In den nächsten Tagen und Wochen hatten wir damit zu tun, in den gewohnten Alltag zurückzufinden. Es galt die Zeitverschiebung von 9 Stunden zu verarbeiten. Es waren Wäschewaschen und Putzen angesagt.

Unser Hund Buddy bedurfte nach unserer langen Abwesenheit auch besonderer Fürsorge.

Und in unser Vernunft-Geld-Firma war Vieles aufzuarbeiten. Durch unsere ungeplant späte Rückkehr hatten sich hier nicht unerhebliche finanzielle Verluste ergeben. Aber ich wusste, dass wir alles das meistern würden, und so war es auch.

Der Alltag holte uns wieder ein und meine Eltern brachten mir bei ihrem ersten Besuch schonend bei, dass während unseres Hawaii-Aufenthaltes auch meine andere Oma, mütterlicherseits, verstorben war.

Nun habe ich mich schon seit langem, speziell aber während meiner Lebensberater-Ausbildung in der Schweiz, intensiv mit dem Sterben auseinandergesetzt. Daher kann ich vielleicht besser damit umgehen, als die meisten Menschen. Trotzdem musste ich mich nach dieser Mitteilung erst mal hinsetzen und tief durchatmen.

Das Leben ist ein ständiger Wandel und wir müssen einfach akzeptieren, dass wir nichts festhalten können.

So gab es nun auch das Haus meiner zuerst verstorbenen Oma Lina loszulassen. Es ist mein Geburtshaus und das Haus meiner Kindheit; das Haus, in dem Oma Lina zunächst mit meinem schon vor 18 Jahren verstorbenen Opa und dann bis eine Woche vor ihrem "Hinübergehen" alleine gelebt hatte. Ich hatte sie in all´ den Jahren häufig dort besucht.

Mein Vater, als Erbe, wollte das Haus nun verkaufen und nicht vermieten, was mir vernünftig erschien.

Er bat Wolfgang und mich, uns um den Verkauf des Hauses zu kümmern, was wir auch gerne taten.

Wir erzielten einen ansehnlichen, aber für den Käufer auch fairen Preis und neuer Eigentümer wurde eine sehr nette, griechische Familie.

Nachdem alle Formalitäten erledigt waren, stand nun der Tag der Schlüsselübergabe bevor und ich spürte den Wunsch in mir, noch einmal zu dem Haus meiner Kindheit zu fahren, um Lebewohl zu sagen.

Ich ging von Zimmer zu Zimmer und vor meinem geistigen Auge liefen jedes Mal Szenen meiner Kindheit ab, die ich dort erlebte. Ich verabschiedete mich von jedem Raum und wünschte mir, dass die neuen Eigentümer sehr viel Freude an dem Haus haben mögen.

Ich dachte auch daran, wie Oma Lina an dem Haus und den Möbel darin, die inzwischen schon verschenkt, verkauft und/oder entrümpelt waren, gehangen hatte.

Viele Menschen hängen sich an materielle Dinge in der Illusion, damit ein Stück Sicherheit zu haben. Aber letztendlich ist nichts so beständig wie der Wandel und wie heißt es so schön: "Das letzte Hemd hat keine Taschen."

Mir war die ganze Zeit so, als sei meine Oma Lina bei mir. Zum Schluss ging ich in den Garten.

Den Garten hatte Oma, besonders gemocht. Mein Blick viel auf eine wunderbare Dahlienstaude und plötzlich schoss in meine Gedanken die Stimme meiner Oma:

"Schneide Dir einen Strauß Dahlien ab! Es liegt noch ein Messer auf der Kellertreppe!"

Dies duldete, wie es bei Oma üblich war, keine Widerrede. Tatsächlich lag ein Messer auf der Kellertreppe. Ich nahm es und stellte mir einen üppigen Strauß orangefarbener Dahlien zusammen.

Da kam wieder die Stimme:

"Nimm noch etwas Farn dazu!". Eine gute Idee! Das Farn machte meinen Strauß perfekt. Mir standen die Tränen in den Augen. Da hatte meine Oma mir noch so ein schönes Abschiedsgeschenk gemacht. Der prächtige Strauß zierte noch lange unser Wohnzimmer.

Einige Wochen später, erschien mein Vater morgens in unserer Vernunft-Geld-Firma und erzählte, er habe einen merkwürdigen Traum gehabt. Er sah überdeutlich Oma Lina.

"Sie war ganz jung und sah aus wie ein Engel. Sie trug in der Hand eine kleine Tüte, die sie dann in einen Mülleimer warf. Danach klopfte sie sich in die Hände, als wolle sie sagen: "So, das ist erledigt!" Mein Opa war im Hintergrund zu sehen. Auch er sah blendend aus. Jung und perfekt in einen Anzug gekleidet."

Es machte mich sehr glücklich, von diesem Traum zu hören, denn für mich besteht kein Zweifel. Der Traum war kein Produkt der Fantasie. Oma Lina ist ihrem Sohn zum Abschied noch einmal erschienen. Sie ist jetzt "drüben" angekommen, ist mit Opa zusammen und beiden geht es gut. Das Wegschmeißen der Tüte bedeutet das endgültige Loslassen von allem Irdischen, Materiellen. Es war inzwischen nur noch ein kleine Last. Aber auch der hat sie sich nun noch entledigt.

So sollte auch für uns das Thema: ein "In Liebe Loslassen" sein. Ich machte Oma Lina noch zu einem der Punkte in meiner Lebensberater-Diplomarbeit, mit der ich mich in den kommenden Wochen intensiv beschäftigte.

Ich stellte mir immer noch die eine brennende Frage, die mich schon seit Jahren aufwühlte:

"Was genau ist meine Berufung in diesem Leben? Ist es die Lebensberatung, oder schlummert da noch etwas anderes in mir?"

Ein Weg, die eigene Berufung in diesem Leben zu finden ist es, sich zu fragen:

- **was kann ich am besten?**
- **was macht mir am meisten Spaß?**

Jeder hat nämlich vor seiner Geburt schon dafür gesorgt, dass er mit allen Fähigkeiten ausgestattet ist, um seine Berufung optimal auszuüben und vor allem: dass er auch große Freude daran hat.

Die Dinge, die mir persönlich am meisten Freude machen, sind:

- anderen Menschen helfen
- meine spirituelle Weiterentwicklung
- lachen
- tanzen
- in der Natur sein und diese als Teil der Schöpfung erleben
- reisen

Die Dinge, von denen ich glaube, dass ich sie besonders gut kann sind:

- zuhören
- andere Menschen beruhigen, aufbauen
- beraten, erklären
- pünktlich und zuverlässig sein
- liebevoll sein
- tanzen
- joggen, schwimmen (Ausdauersport)
- organisieren

Um sie mir selber noch einmal ins Bewusstsein zu rufen, skizzierte ich meine berufliche "Irrfahrt" gedanklich noch einmal auf.

Mit diesem Lebenslauf kann ich sicher auch vielen Menschen Mut machen, die glauben, für einen beruflichen Richtungswechsel - weg von der wenig geliebten Arbeit und hin zu der Aufgabe, die Berufung und Erfüllung ist - sei es schon zu spät.

Es war mir bis vor kurzem gar nicht bewusst. Dann erinnerte ich mich aber plötzlich wieder daran: Dass ich nach dem Abitur und der einjährigen Höheren Handelsschule eine Ausbildung als Bankkauffrau bei einem Kölner Kreditinstitut absolvierte, habe ich mir bereits als 8jährige beim "Universum bestellt". Ich bin überzeugt, dass solche "Bestellungen" ständig, meist leider unbewusst, passieren und verweise diesbezüglich auf die Bestseller von Bärbel Mohr zu diesem Thema sowie auf das Buch "Huna Meditation" von Prof. Kurt Tepperwein.

Mit 8 Jahren betrat ich das erste Mal bewusst den Schalterraum eben dieses Kreditinstitutes, um den Inhalt meiner Spardose auf ein Sparkonto einzuzahlen. Hierzu musste das Sparbuch neu angelegt werden. Ich bewunderte die Dame, die mit gezielten Handgriffen in der Lage war, das Sparbuch zu eröffnen und die auch die dafür erforderlichen Fragen mit schlafwandlerischer Sicherheit stellte. Sie war auch nett angezogen, was mir gut gefiel. So wollte ich auch sein und so gab ich, ohne es zu wissen, diese (verhängnisvolle?) Bestellung auf.

Überlege Dir gut, was Du Dir beim Universum bestellst, Du könntest es bekommen!

Natürlich vergaß ich die Dame von der Bank wieder und beschäftigte mich daher während meiner letzten Schuljahre immer wieder, und recht ratlos, mit der Frage, welchen Beruf ich ergreifen soll.

Ein Studium kam für mich nicht in Frage, da ich unbedingt so schnell wie möglich eigenes Geld verdienen wollte.

Ich fühlte mich zu keiner Tätigkeit besonders "berufen"; jedenfalls zu keiner, die ich ohne Studium ausüben konnte.

Nachdem ich rückblickend meine Zeit auf dem Gymnasium mit "mein Kampf" beschreiben möchte, blühte ich in der Handelsschule auf und hatte sehr gute Noten. Dies ließ für mich die Schlussfolgerung zu, dass der kaufmännische Bereich wohl richtig für mich sei.

Da ich konkrete Vorstellungen nicht hatte, bewarb ich mich planlos für verschiedenste kaufmännische Ausbildungsberufe.

Das besagte Kölner Kreditinstitut war die erste Firma, die mir einen Ausbildungsvertrag anbot und ich sagte zu.

Mein Vater war übrigens selig. Würde er doch "in Bälde" mit seiner liebsten (da einzigen) Tochter über sein Hobby, die Entwicklung der verschiedenen Aktienkurse, reden können.

So nahm das Schicksal seinen Lauf.

Sowohl im praktischen - als auch im theoretischen Teil der Ausbildung tat ich mich schwer. Hinzu kam noch, dass ich die Ausbildung in nur zwei Jahren (die Regel sind drei Jahre) zu absolvieren hatte.

Natürlich bestand ich, dank meiner großen Disziplin und meines Fleißes, (diese Eigenschaften musste ich mir schon notgedrungen auf dem Gymnasium zulegen, um das Abitur zu bestehen) die Prüfung mit der Note 2 - 3.

Ich wurde übernommen und blieb insgesamt zwölf Jahre unglücklich als Bankangestellte. Zu dieser Zeit war ich überaus leidensfähig. Anders sind diese 12 Jahre nicht zu erklären.

Ich dachte natürlich, nach der Ausbildung wird alles besser. Schnell merkte ich jedoch, dass mir keines der Tätigkeitsfelder, die in einer Bank zur Auswahl stehen, echte Freude bereitet. So wählte ich die Betätigungsfelder nach der Sympathie meiner jeweils engsten Kollegen im jeweiligen Wirkungskreis aus (heute weiß ich, das Harmonie für mich der allerwichtigste Wert ist). Zwischenzeitlich war ich fast zwei Jahre ernsthaft krank und konnte die meiste Zeit nur mit größten Anstrengungen meiner beruflichen Tätigkeit nachgehen.

Ich dachte schließlich: "Wenn ich erst mal Betriebswirtin bin, wird alles besser!" und arbeitete, kaum gesundheitlich genesen, zielgerichtet auf diese innerbetriebliche Fortbildung hin.

Mit 25 Jahren hielt ich dann das begehrte Zertifikat in den Händen.

Aber die quälende Frage: "Welchen Bereich gibt es, der mir wirklich Freude macht?" ließ mich nicht los und ich fand keine Antwort.

Bei Bewerbungen für die Ausbildungs- und die Werbeabteilung kam ich zwar in die engere Auswahl, wurde dann aber nicht angenommen.

Eines Tages, ich war knapp 26 Jahre alt, wurde mir die Leitung einer Bankfiliale angeboten.

Nach langem Zögern nahm ich die Stelle an. Sie brachte mir ein Mehr an Arbeit und an Verantwortung, aber leider kein Mehr an Freude.

Schließlich ging es mir so schlecht, dass sich wieder ernste gesundheitliche Beschwerden einstellten. Insbesondere litt ich unter immer häufiger werdenden Schwindelanfällen.

Heute weiß ich: ich schwindelte ja auch ständig, wenn ich sagte: "Ja, der Beruf macht mir soviel Freude und selbstverständlich erledige ich dieses und jenes gerne für Sie, lieber Kunde (auch, wenn ich völlig überlastet bin)".

Meine Not wurde immer größer und ich traute mich erstmalig den Gedanken weiterzudenken, was passieren würde, wenn ich einfach kündige.

Meine damals äußerst ausgeprägte Existenzangst setzte mir dabei jedoch sehr zu. Hatte ich doch gerade (für mich alleine - ich war gerade mal wieder Single) dieses schnuckelige Reiheneckhäuschen gekauft. Dies war mir natürlich nur mit den super Angestelltenkonditionen der Bank möglich. Was, wenn diese wegfielen? Nicht auszudenken!

Zu diesem Zeitpunkt dachte ich erstmals auch über eine Selbständigkeit als Lebensberaterin nach.

Als Angestellte im öffentlichen Dienst, mit 14,5 Monatsgehältern, fast unkündbarer Stellung und Sonderkonditionen für das eigene Häuschen ging ich diese Vorstellung jedoch mit der nötigen Vorsicht und Zurückhaltung an.

Ich dachte immerhin darüber nach, nur noch halbtags bei dem Kreditinstitut zu arbeiten und mich ansonsten auf die neue Aufgabe vorzubereiten.

Dann aber überschlugen sich die Vorfälle auf meiner Dienststelle und ich hatte nur noch einen Wunsch: Weg hier und zwar so schnell wie möglich!

Ich fragte mich also, wie ich selbständig am schnellsten und sichersten zu Geld kommen könnte (wie gesagt: die Existenzangst war damals groß) und machte mich mit einer Vorform meiner Vernunft-Geld-Firma selbständig.

Kurz darauf lernte ich Wolfgang kennen.

Wir wurden privat und beruflich schnell ein Super-Team.

Wir arbeiteten hart und hatten trotz widrigster Umstände und Belastungsproben (der Phantasie des Lesers sind diesbezüglich keine Grenzen gesetzt - wir wussten vorher auch nicht, was an Herausforderungen alles so möglich ist!) bald ein passables Auskommen.

Aufgrund der ganzen Herausforderungen übersah ich jedoch ein paar Jahre lang, dass mir das, was ich da tat, immer noch keinen Spaß machte.

Zwischendurch unternahm ich einen kleinen Ausflug in die "Modellszene". Ich hatte einige Aufträge als Fotomodell und Mannequin in meiner Konfektionsgröße 42/44. Aus einer Laune heraus hatte ich mich bei einer Agentur beworben und war selbst erstaunt, dass diese direkt Interesse zeigte.

Der Job machte mir anfänglich sehr viel Spaß. Ich habe Talent, mich auf dem Laufsteg zu bewegen (schließlich war ich zur gleichen Zeit auch begeisterte Turniertänzerin in einem Tanzsportverein – aber das ist eine andere Geschichte) und die Fotos von mir vielen auch zur allgemeinen Zufriedenheit aus.

Leider schien außer mir in der ganzen Branche keiner Spaß an dem zu haben, was er tat. Meine Kolleginnen waren nur an der neuesten Kosmetikserie und an Push-up-BH´s interessiert. Tiefgründige Gespräche waren mir dort nicht möglich. Die Stimmung der Fotografen und Agenturmitarbeiter war meistens fürchterlich (für mich als harmoniebedürftigen Menschen nicht so prickelnd). Hinzu kam, dass ich die Erfahrung machen musste, wie es ist, nur über seinen Körper definiert zu werden.

Entweder Figur, Gesicht und Haarfarbe entsprechen den Vorstellungen des Auftraggebers - oder eben nicht. Alle anderen menschlichen Werte spielen in der Modebranche, nach meinen Erfahrungen, keine Rolle.

So kam es dann, dass ich nach etwa einem Dutzend Ausflügen in die "Welt der Mode" - um eine interessante Erfahrung reicher - und nach Abzug der Spesen mit einem kleinen Plus auf dem Konto - diese wieder verließ.

So widmete ich wieder 100 % meiner Zeit der Vernunft-Geld-Firma.

Dass dies jedoch nicht die Lösung für mich ist, wurde mir spätestens in diesen Tagen bewusst, in denen ich, bedingt durch Wolfgangs Abwesenheit (er hielt Seminare und will dies zukünftig regelmäßig tun), noch intensiver in der Firma arbeiten musste.

"Dr. Alltag" (er wurde uns vorgestellt als der "Lehrer", der uns nach Beendigung der Lebensberater-Schule ständig weiter ausbildet) schickte mir die schwierigsten Kunden und die unangenehmsten Aufgaben. Kurz: er scheute weder Kosten noch Mühen, um mir klarzumachen, dass das nicht das ist, was ich will.

Er spielte sogar einem der unangenehmsten Kunden meine private geheime Telefonnummer zu, damit dieser mich abends anrufen konnte, als ich von der Arbeit gebeutelt und mit Kopf- und Magenschmerzen nach Hause kam.

Respekt, Dr. Alltag, für diese Leistung!

Nun stand meine Entscheidung unwiderruflich fest.

Die Firma muss verkauft werden und zwar so schnell, wie möglich! Wolfgang war auch direkt einverstanden.

Nachdem die erste Aufregung und die unendliche Freude über diese klare Entscheidung verflogen war und nachdem ich eine Nacht von maßloser Freude erfüllt und mit klopfendem Herzen nicht einschlafen konnte, kehrte schließlich in meinen Gedanken eine relative Ruhe ein.

Es war, als wenn mein Gehirn mir nach dieser "schweren Geburt" nun ein wenig Ruhe gönnt.

Übrigens stelle ich heute mit Freude fest, dass ich über die meist recht schmerzhaften Erfahrungen der Vergangenheit inzwischen schmunzeln kann.

Was gibt es Schöneres, als die Vergangenheit, auch die weniger schönen Erlebnisse, mit Humor zu nehmen (und somit energetisch zu bereinigen)?

Wie sagte doch einer meiner Lehrer, Professor Tepperwein, so treffend:

"Die Vergangenheit ist so was von vergangen...!"

So neigte sich das Jahr langsam dem Ende zu und ein weiteres großes Ereignis stand bevor. Nein, ich spreche nicht von Weihnachten oder Silvester.

Es war Wolfgangs 50. Geburtstag. Als rüstige Enddreißigerin musste ich mich selbst erst einmal an den Gedanken gewöhnen, dass mein frischangetrauter Göttergatte bald schon ein halbes Jahrhundert alt sein würde. Jedoch sieht man Wolfgang sein Alter, so finde ich, überhaupt nicht an.

Als wir uns das erste mal auf einer Party begegneten, glaubte ich sogar, einen fast Gleichaltrigen vor mir zu haben. Die schummerige Beleuchtung kaschierte liebevoll seine Falten, die Figur war o.k. und im Gegensatz zu einer Reihe von erheblich jüngeren Männern hatte er noch volles Haar ohne den kleinsten Grauschimmer aufzuweisen. Am Beeindruckendsten war jedoch die Energie, mit der er auf der Tanzfläche herumwirbelte. So lernte ich Wolfgang vor einigen Jahren kennen und seine Lebendigkeit und sein Äußeres hatten seither keinen allzu großen Schaden erlitten.

Zu seinem runden Geburtstag hatte ich mir ein ganz besonderes Geschenk einfallen lassen: eine dreiwöchige Brasilien/Karibik - Kreuzfahrt.

Dazu muss ich sagen, dass ich diese Kreuzfahrt schon gebucht hatte, lange bevor wir wussten, dass wir nach Hawaii fliegen und dort heiraten würden. Und natürlich strapazierte diese zweite große Reise innerhalb so kurzer Zeit unser finanzielles Budget ganz erheblich. Aber ich war mein ganzes Leben lang vernünftig und da wollte ich jetzt einmal unvernünftig sein und bei dieser Gelegenheit Wolfgang einen seiner Träume erfüllen.

Unter uns: eigentlich war ich nach den Ereignissen in San Francisco erst mal ganz froh, zuhause zu sein und spürte kein brennendes Verlangen, mein trautes Heim so schnell schon wieder zu verlassen.

Hinzu kamen die wohlgemeinten Ratschläge der Familie, dass es Wahnsinn sei, sich in dieser, von Attentaten überschatteten Zeit, ohne zwingenden Grund und freiwillig in einen Flieger zu setzen.

Ich hatte da aber inzwischen so meine eigene Theorie entwickelt: Wenn es an der Zeit ist, dass unsere Seele gehen soll, dann tut sie das sowieso; sei es durch einen Flugzeugabsturz, einen Herzinfarkt oder wie auch immer.

Wenn es noch nicht an der Zeit ist zu "gehen", dann wird mein Flugzeug auch nicht abstürzen. Alternativ werde ich, wie durch ein "Wunder", den Absturz relativ unbeschadet überleben oder aber durch "höhere Gewalt" im letzten Moment davon abgehalten, in das Flugzeug einzusteigen. Jetzt sind Theorien natürlich gut und schön und die Praxis sieht meist anders aus.

Die, von den um unser Wohl besorgten Mitmenschen in den schillerndsten Farben ausgemalten, möglichen Horrorszenarien gingen doch nicht so völlig spurlos an mir vorbei.

Dennoch, es bleibt dabei:

Angst ist das Gegenteil von Liebe. Daher nahm ich mir vor, mich niemals mehr durch Angst von einem Vorhaben abhalten zu lassen.

Natürlich erschien es mir gerade jetzt wichtig, aufmerksam auf eventuelle Zeichen "von oben" zu achten, die mir raten, die Traumschiffreise doch lieber auf unbestimmte Zeit zu verschieben.

Und die Engel machten es spannend bis zuletzt...

Auf nach Rio de Janeiro!

Alles fing damit an, dass ich etwa Anfang Oktober in der Zeitung las, dass ein Kreuzfahrtschiff namens "Arkona" im Hafen von Menorca an eine Kaimauer geprallt ist, weil im Schiff Feuer ausgebrochen - und dieses damit manövrierunfähig war.

Das Schiff sollte nun, schwer beschädigt, in Barcelona in der Werft repariert werden. Arkona?! War das nicht "unser" Schiff? Ich kramte in den Unterlagen und tatsächlich. Das durfte doch nicht war sein! Wie viele Luxusliner kreuzen in den Weltmeeren? Und ausgerechnet unser Schiff läuft auf eine Kaimauer auf!

Wir verfolgten auf der Homepage des Reiseveranstalters die Neuigkeiten, den Zustand des Schiffes betreffend. Zunächst hieß es, zur Weihnachtszeit sollte die Arkona wieder einsatzfähig sein, aber dann wurde diese Reise kurzfristig noch abgesagt, da sich die Reparaturarbeiten verzögert hatten. Am 05. Januar sollte es für uns losgehen, und langsam wurde es eng. Würde die Arkona rechtzeitig zu der von uns gebuchten Reise wieder einsatzfähig sein?

Dann kam es zu weiteren Unwegsamkeiten. Die Fluggesellschaft LTU, mit der wir eigentlich gen Rio fliegen wollten, stand vor der Pleite und sollte zum Ende des Jahres schließen, wenn nicht noch ein Wunder passiert.

Als wenn das nicht reicht, hörten wir zum Jahreswechsel noch von verheerenden Unwettern und Überschwemmungen in Rio de Janeiro und Umgebung, unserer ersten Reisestation.

Wir blieben gelassen und dachten uns, dass alles so kommt, wie es kommt. In Urlaubsstimmung waren wir nicht. Erst drei Tage vor unserer Abreise war relativ klar, dass unsere Kreuzfahrt stattfindet und auch die LTU konnte durch Sanierungsmaßnahmen am Leben gehalten werden. Also hieß es jetzt in aller Schnelle die Reisevorbereitungen zu treffen.

Unser Hund musste in die Tierpension und Mara, unsere Büroservice-Kraft, wurde schnell noch in die Besonderheiten während unserer Abwesenheit in der Vernunft-Geld-Firma eingewiesen.

Am frühen Nachmittag unseres Abreisetages bestellten wir uns ein Taxi, das uns zu einem örtlichen Bahnhof bringen sollte. Von dort ging es mit dem Zug zum Hauptbahnhof nach Köln und von dort zum Flughafen nach Frankfurt.

Hier wollten wir unsere Koffer einchecken, in einer nahegelegen Pension übernachten, um dann am nächsten Morgen um 9.15 Uhr stressfrei unseren Flug nach Rio de Janeiro antreten zu können.

Wir kamen also mit unserem Gepäck am Regionalbahnhof an und hielten Ausschau nach dem

Automaten, an dem man die Fahrtickets lösen kann. Da tönte es aus dem Bahnhofslautsprecher: Wegen eines Personenunfalls in Düren laufen auf absehbare Zeit keine Züge in Richtung Köln mehr ein!" Wolfgang und ich guckten uns dumm an. Wir konnten es nicht fassen. Also die Koffer einige hundert Meter zurückgeschleppt zur nächsten Taxi-Zentrale.

O.K., Dr. Alltag, dann fahren wir eben mit dem Taxi direkt zum Hauptbahnhof Köln! Tatsächlich erreichten wir den Kölner Bahnhof rechtzeitig, um unseren Anschlusszug nach Frankfurt zu erwischen. Am Bahngleis brauchte Wolfgang unbedingt noch Nervennahrung in Form einer Currywurst und dann saßen wir im Zug. Unsere Koffer hatten wir verstaut. Wir lehnten uns entspannt zurück in die Sitze. Jetzt konnte unsere Reise losgehen! Ich schaute aus dem Fenster und wartete.

Ja aber warum ging es denn nicht los? Wolfgang und ich schauten uns fragend an. Da tönte es bereits aus dem Zuglautsprecher:

"Meine Damen und Herren! Wegen eines Stromausfalls verzögert sich die Abfahrt um wenige Minuten. Wir bitten um Geduld!".

Wir lehnten uns also wieder zurück und warteten. Zum Glück ging unser Flug ja erst morgen. Wolfgang überlegte inzwischen, ob der Stromausfall lange genug anhält, um auf dem Bahngleis noch eine zweite Currywurst zu essen. Gerade als er sich heimlich zur Imbissbude davonschleichen wollte, rollte der Zug an.

Da wäre ich fast ohne Wolfgang nach Frankfurt gefahren.

Als wir eine gute Stunde gefahren waren, wurde der Zug immer langsamer und kam auf einer gottverlassenen Strecke schließlich ganz zum Stillstand. Warten.

Und dann ertönte wieder die schon bekannte Stimme aus dem Lautsprecher:

"Meine Damen und Herren, wegen eines Gleisbruches kommt es zu Verzögerungen. Wir bitten um ihr Verständnis!"

Schon gut, dachten wir, wir haben ja Zeit.

Mit einer guten Stunde Verspätung erreichten wir schließlich etwa gegen 19 Uhr den Bahnhof "Frankfurt - Flughafen". Unter Zuhilfenahme eines Gepäckwagens rollten wir unser Gepäck durch die riesige Flughafenanlage bis zu unserem Eincheckschalter.

Doch was war das? Da wollten wir besonders schlau sein und am Vorabend einchecken. Ungefähr 250 Mitreisende hatten denselben grandiosen Gedanken. Vor dem Eincheckschalter gab es eine Menschen- und Gepäckwagenschlange, die sich über rund 100 Meter durch die ganze Wartehalle erstreckte.

Und es gab zahllose, überwiegend ältere Menschen, die anscheinend keine Zeit hatten und ihren Unmut über die lange Wartezeit mit recht herben

Worten zum Ausdruck brachten. Na schön, dachten wir, es kann ja nur noch besser werden, und reihten uns hinten in die Schlange ein.

Wir warteten und warteten. Wir sahen schmunzelnd zu, wie ältere Herrschaften hinter uns sich heimlich samt Gepäckwagen an uns vorbeimogelten, um sich dann vor uns in die Schlange wieder einzuordnen. Trotz unseres aufgebrachten Umfeldes schafften wir es, einigermaßen entspannt zu bleiben.

Als wir mindestens 50 Minuten gewartet hatten, wurde bei LTU ein zweiter Eincheckschalter geöffnet und dann ging es etwas schneller. Gute 30 Minuten später war unser Gepäck eingecheckt und wir waren im wahrsten Sinne des Wortes sehr erleichtert. Gemütlich schlenderten wir zum Haupteingang zurück, um uns von einem Shuffle-Bus zu unserer gebuchten Pension bringen zu lassen. Wolfgang rief per Handy bei der Pension an und man forderte uns auf, am Haupteingang zu warten. In ca. 10 Minuten würden wir abgeholt.

Wir standen draußen. Es war einer dieser besonders kalten Wintertage mit Minusgraden. In Anbetracht der bevorstehenden Ankunft in Rio de Janeiro waren wir auch nicht übermäßig warm angezogen. Also schnatterten wir vor Kälte, was das Zeug hält. 10 Minuten gingen ins Land und weitere 10 Minuten und nochmals 10 Minuten.

Ich sah mich schon wegen einer Blasenentzündung und einer chronischen Bronchitis als Erstes den Schiffsarzt auf der Arkona aufsuchen.

Übrigens: die "MS Arkona" war das erste ZDF-Fernseh-Traumschiff. Ob der Bordarzt auch so attraktiv sein würde wie im Fernsehen - oder verwechsele ich ihn jetzt mit dem Obersteward?

Während ich so meinen Gedanken nachhing und an braungebrannte Oberstewards dachte, die mir charmant lächelnd auf dem Sonnendeck einen Cocktail servieren, rief Wolfgang per Handy erneut in unserer Pension an.

Dort teilte man uns mit, der Fahrer warte bereits seit einer viertel Stunde auf uns und wollte gerade wieder zurückfahren. Tatsächlich, da stand unser Hotelbus, keine 25 Meter entfernt! Waren wir schon mit Blindheit geschlagen worden?

Jedenfalls tauten unsere eingefrorenen Gliedmaßen in dem überheizten Hotelbus schnell wieder auf. Wir bezogen schließlich, es war schon recht spät, unser bescheidenes, aber mit allem Nötigen ausgestattete Quartier und stießen mit einer von daheim mitgebrachten Flasche Rotwein auf unsere bevorstehende Reise an.

Der "Pleiten, Pech und Pannen" hatten wir jetzt genug. Morgen früh würden wir uns in die Lüfte erheben und dann - Ruckzuck - in Rio und auf unserem "Traumschiff" sein. Mit diesem Gedanken schlief ich lächelnd ein.

Am nächsten Morgen ließen wir uns um sechs Uhr wecken. Schnell nahmen wir ein kleines Frühstück in dem verqualmten Frühstücksraum ein und fuhren mit dem 7-Uhr-Bustransfer zum Flughafen. In zwei Stunden würden wir in der Luft sein! Die Zeit bis dahin sitzen wir doch "auf einer Backe" ab.

Es wurde 9.15 Uhr, aber am Boarding-Schalter tat sich rein gar nichts. Da ertönte es aus dem Lautsprecher (und das verheißt, wie wir inzwischen wissen, nie etwas Gutes), dass sich der Abflug aufgrund von technischen Störungen etwas verschiebt.

Auf der Abflugtafel wurde die Abflugzeit auf 10.30 Uhr korrigiert. Ich kaufte mir einige Klatsch-Zeitschriften und versuchte, nicht weiter zu denken, mich also folglich auch nicht aufzuregen, was wunderbar funktionierte. Schließlich waren die Zeitschriften ausgelesen, aber es tat sich immer noch nichts. Klammheimlich hatte man die voraussichtliche Abflugzeit von 10.30 Uhr auf 12.25 Uhr abgeändert.

Einige unserer Mitreisenden hielten mit wüsten Beschimpfungen nicht hinter dem Berg. Zugegeben, inzwischen waren auch Wolfgang und ich leicht genervt. Aber mir ist es immer noch lieber, so ein technischer Fehler wird am Boden festgestellt und nicht erst in der Luft. Gegen 12 Uhr war noch immer kein Ende abzusehen. Wie wir jetzt erfuhren, stand die Maschine zur Zeit noch in

Düsseldorf. Man bot uns an, auf Kosten der Fluggesellschaft ein Mittagessen in einem Flughafenrestaurant einzunehmen. Die meisten der Wartenden machten sich direkt auf in Richtung dieses Restaurants.

Wir verhielten uns antizyklisch und beschlossen, uns nicht in eine Warteschlange an der Essensausgabe einzureihen, sondern lieber noch etwas durch das Flughafengelände zu schlendern. Als wir um 13.30 Uhr in dem Restaurant ankamen, war es immer noch von den wartenden Passagieren des Rio-Fluges überfüllt. An einem der Tische sahen wir zwei freie Plätze und fragten die dort sitzenden Gäste, ob wir uns dazusetzen können.

Wir hatten Glück, denn an diesem Tisch schien, wenn auch unter Zuhilfenahme mehrerer Liter Weißbier, eine recht heitere Stimmung zu herrschen.

Tatsächlich schafften wir es, auch dank einiger netter Mitreisender, das Beste aus unserer Lage zu machen. Wir erzählten reihum Witze und erfuhren die eine oder andere nette Anekdote aus dem "Nähkästchen" der schon kreuzfahrterprobten Mitreisenden.

Nach über zehnstündiger Verspätung startete endlich unser Flieger in Richtung Rio de Janeiro.

"Rio"! Wie sich das schon anhört. Ich freute mich wie ein "Schneekönig" auf diese Stadt.

Am Flughafen Rio glücklich gelandet, schlug uns feuchtwarme Hitze entgegen. Über 35 Grad! Schnell wurden die vorgeschriebenen Einreiseformalitäten erledigt und dann ging es schon mit dem Bus zu unserem "Traumschiff". Majestätisch lag Sie dort im Hafen, die Arkona, die für die nächsten drei Wochen unser Zuhause sein sollte.

Unten am Hafen gab es noch einen Begrüßungssekt, bevor wir dann die lange Treppe zum Schiff hinaufschritten. Genau wie im Fernsehen war das!

Eine freundliche Stewardess brachte uns in unsere kleine Kabine, die aber immerhin an der Außenseite lag und somit über ein Bullauge, sprich Tageslicht, verfügte.

Die Verspätung von 10 Stunden hatte natürlich auch das Programm für Besichtigungstouren in Rio gründlich durcheinander gebracht. Es wurden jedoch fast unmittelbar nach unserer Ankunft noch verschiedene Touren angeboten. Wir beschlossen, unsere Müdigkeit erst mal zu vergessen, denn Rio de Janeiro durften wir uns natürlich nicht entgehen lassen.

So entschieden wir uns für eine Tour zum "Corcovado", das ist der Hügel mit der Christus-Statur, nicht zu verwechseln mit dem Zuckerhut.

Oben angekommen stockte uns der Atem. Der Blick auf Rio, das Meer und den Zuckerhut sowie das bunte Treiben der Menschen verschiedenster Nationen war wirklich überwältigend. Hier standen wir unterhalb der gewaltigen Christus-Statur, einem Jesus, der lächelt und schützend seine Arme über die ganze Stadt Rio ausbreitet.

Auch dies ist einer der Momente, die ich fest in meinem Herzen bewahren möchte.

Nur schwer konnten wir uns von diesem ganz besonderen Ort losreißen. Doch schließlich musste es sein, denn es stand noch eine Stadtrundfahrt und eine Tour zur berühmten "Copacabana" auf dem Programm.

Voller neuer Eindrücke kamen wir schließlich wieder auf der Arkona an.

Die Kreuzfahrt gestaltete sich sehr kurzweilig. Etwa jeden zweiten Tag liefen wir einen neuen Hafen an.

Die Reise ging über die brasilianischen Städte Vitoria, Salvador de Bahia und Fortaleza nach Belem an der Amazonasmündung und schließlich über die Ille Royale in die Karibik nach Trinidad, Grenada und St. Vincent bis nach Barbados.

Die Tage waren ausgefüllt mit Besichtigungen und einem vielseitigen Unterhaltungsprogramm an Bord.

Warum ich diese Reise überhaupt erwähne, das hat jedoch einen besonderen Grund.

An Bord fand ein Samba-Tanzkurs statt, der von der Brasilianerin Miriam geleitet wurde. Als begeisterte Tänzer nahmen Wolfgang und ich natürlich an diesem Kurs teil.

Miriam faszinierte mich einfach durch ihr "so sein". Durch ihre strahlenden Augen, das ansteckende Lachen und die Professionalität, mit der sie den Unterricht leitete.

Tanzen ist einfach ihr Leben. Und in einer der schweißtreibenden Stunden wurde mir plötzlich bewusst, dass Tanzen auch **mein** Leben ist.

Ich dachte da natürlich an etwas ganz Spezielles: den hawaiianischen Hula-Tanz! Mir wurde jetzt endlich klar, dass ich künftig hawaiianischen Tanz unterrichten werde. Es gab keine Zweifel mehr!

Als ich wenig später Wolfgang aufgeregt von meiner "Erleuchtung" berichtete, lächelte er nur wissend.

Von da an konnte ich nur noch an Hula denken und schmiedete Pläne, wie ich diesen intensiver erlernen könnte.

Neue Pläne

Wieder Zuhause angekommen, fand ich einen sehnsüchtig erwarteten Umschlag in der Post vor. Mein Diplom zur Lebensberaterin war eingetroffen und meine Arbeit hatte der Prüfungskommission gefallen.

Zu meiner großen Freude hatte ich in den folgenden Wochen direkt mehrfach Gelegenheit, mein erworbenes Wissen weiterzugeben.

Jeden Tag trainierte ich fortan diszipliniert den Hula-Tanz anhand der erworbenen Lern-Videos und besonders anhand der Stunden, die Dagmar mir gegeben hatte und die Wolfgang auf Video mit geschnitten hatte.

Schnell konnte ich deutliche Fortschritte verzeichnen und schon Ende Februar hatte ich kein neues Lernmaterial mehr. Also schickte ich ein Email an Dagmar und teilte mit, das ich neuen "Input" brauche.

Prompt kam die Antwort:

"Dann komme so schnell wie möglich nach Hawaii, ich bilde Dich aus!"

Da Hawaii nun nicht gerade um die Ecke liegt, und eine solche Aktion natürlich auch viel Geld verschlingt, musste ich dieses Angebot erst einmal überschlafen. Nachdem ich per Internet vergeblich in Deutschland und im angrenzenden Ausland nach Möglichkeiten einer Hula-Ausbildung recherchiert hatte, beschloss ich jedoch, das Abenteuer zu wagen und innerhalb von nur eines halben Jahres ein zweites Mal nach Hawaii zu fliegen.

Auch beschloss ich, wenn ich tanztechnisch soweit bin, ein deutsches Hula-Lern-Video auf den Markt zu bringen und dieses Buch zu schreiben.

Die Reise beginnt

Schon Anfang April verabschiedete ich mich schweren Herzens von meinem Liebsten, um meine vierwöchige Ausbildung bei Dagmar zu absolvieren.

Mutterseelenallein bis an das andere Ende der Welt zu fliegen, war wieder eine neue, große Herausforderung.

Auch die lange Trennung von Wolfgang würde mir sicher schwer fallen.

Doch nur durch das ständige Überschreiten der bisherigen Grenzen ist eine Weiterentwicklung möglich. Schließlich sind wir alle auf dem "Lernplaneten Erde", um neue Erfahrungen zu machen. Diese Reise würde zweifelsohne eine solche für mich sein. Und ist es nicht das ultimative Glücksgefühl, etwas geschafft zu haben, das zuvor eine große Herausforderung für einen dargestellt hat?!

Wer nicht wagt, der nicht gewinnt!

Ich blickte also vertrauensvoll nach vorne und begann, mich auf die bevorstehende Zeit zu freuen. Bald würde ich wieder auf Hawaii sein, die kühle Brise vom Meer spüren, den betörenden Duft der kleinen weißen, gelben und rosafarbenen

Plumeria-Blüten schnuppern, Sonne tanken und vor allen Dingen: Hula tanzen bis zum Umfallen.

Im Flugzeug nahm neben mir ein etwa 45jähriger "Cowboy-Verschnitt" Platz. Ich verspürte im Moment kein Bedürfnis nach einer Konversation, schaute aus dem Fenster und hing meinen Gedanken nach.

Ich fühlte Dankbarkeit dafür, einen Partner zu haben, der mich meinen Weg gehen lässt. Ich kenne nicht viele Ehen/Beziehungen, in denen es ohne Probleme möglich wäre, dass einer der Partner einfach mal für einen Monat nach Hawaii entschwindet.

Was ein Großteil der Menschen unter Liebe versteht, ist in Wirklichkeit ein Gefängnis.

"Ich liebe Dich, aber nur wenn...." - das kann es ja wohl nicht sein?!

Wer sich selbst nicht liebt, kann auch nicht glauben, dass andere ihn lieben. Und so entstehen Misstrauen und Eifersucht.

Nur wer sich selbst liebt, ist in der Lage, diese Liebe auch an andere weiterzugeben.

Nur wer selbst glücklich ist, kann auch andere glücklich machen...

...Mit meinen Gedanken musste ich wohl ganz tief abgetaucht sein, denn plötzlich waren viele Stunden vergangen und der Landeanflug auf San

Francisco stand kurz bevor. Ich war ganz perplex, wie schnell die Flugzeit vergangen war.

San Francisco weckte in mir - verständlicherweise - recht gemischte Gefühle.

Das Flughafengelände, das ich wenig später betrat, schien vertraut.

Dort drüben hatten Wolfgang und ich gefrühstückt, bevor unser erster Flug nach Hawaii startete - und hinten links war der Schalter an dem wir in der Nacht davor unsere "verlustigen" Koffer reklamiert hatten.

All das war erst wenige Monate her - und dennoch hatten wir seither so unendlich viel erlebt.

Ich musste mich beeilen, denn schon in einer Stunde ging mein Flug nach Honolulu und zuvor musste ich noch die Einreiseformalitäten erledigen.

Schließlich stand ich an dem gleichen "Boarding-Schalter", an dem vor wenigen Monaten ein neuer Lebensabschnitt für mich begann.

Plötzlich war alle Nervosität von mir gewichen und ich wurde mehr und mehr erfüllt von der Vorfreude, bald wieder auf Hawaii zu sein. Wie berauscht stieg ich in das Flugzeug ein, das mich nach Honolulu bringen würde. Im Flieger lief hawaiianische Musik und die ganze Atmosphäre wirkte sehr beschwingt. Es war, wie das Abtauchen in eine andere, bessere Welt.

Wieder auf Hawaii

Gute fünf Stunden später war es soweit: die Wärme, der Wind, der Duft von Blumen-Leis, bunte Farben, quirlige Menschen verschiedenster Nationen. Ja, so hatte ich Honolulu in Erinnerung gehabt!

Bis zur Kofferausgabe am Flughafen hatte ich einen längeren Fußweg zurückzulegen. Ich genoss die Atmosphäre und den Blick auf die erleuchtete Stadt. Es war zehn Uhr abends, Ortzeit.

Dagmar hatte mich angewiesen, vor dem Hauptausgang auf Sie zu warten. Da stand ich nun erwartungsvoll mit meinem Koffer, bereit für viele neue Eindrücke und Erfahrungen.

Es dauerte eine ganze Weile, bis Dagmar in ihrem blauen Wagen vorfuhr. Der Verkehr!

Wir begrüßten uns herzlich - und ganz nach hawaiianischer Sitte hatte Dagmar einen Blumen-Lei mitgebracht, den sie mir als Willkommensgruß um den Hals legte.

"**Dein hawaiianischer Name ist Kalehua**, das bedeutet: die Lehua-Blüte." sagte sie feierlich. "Der Name wurde inspiriert. Ich bin mir ganz sicher".

Hierzu muss man wissen, dass Hula-Schüler, die nicht "von Haus aus" über einen hawaiianischen Namen verfügen, von ihrem Lehrer einen solchen verliehen bekommen, wenn die Zeit reif ist. Ich war sehr überrascht, so schnell einen hawaiianischen Namen zu erhalten.

Ich erinnerte mich, damals auf Big Island, auf unserer Vulkan-Tour, eine Vielzahl der sternförmigen, meist roten Lehua-Blüten gesehen zu haben, die der Feuergöttin Pele gewidmet sind. Und ich erinnerte mich an die Worte von Chris, unserer "Delfin-Mutter":

"Pele steht auch für das Feuer, die Leidenschaft, die in jedem von uns brennt".

"In mir brennt die Leidenschaft für den Hula", dachte ich mit einem Lächeln.

Dagmar und ich stoppten an einem chinesischen Schnellrestaurant. Für den kleinen Hunger war das genau das Richtige. Wir sprachen über Gott und die Welt und so wurde es sehr spät, bis wir in meinem Quartier für die nächsten vier Wochen ankamen.

Ich durfte in dem Ferienhaus wohnen, das Dagmar an Urlaubsgäste vermietet. In dem großzügigen, hellen Wohnzimmer würde unser Hula-Unterricht stattfinden. Es gab eine perfekt ausgestattete Küche und für mich ein wunderschönes Schlafzimmer mit angrenzendem Badezimmer. Die Veranda war ganz romantisch mit vielen kleinen Lämpchen angeleuchtet und es gab noch einen Garten mit Liegestühlen zur freien Benutzung.

Ich war sehr angenehm überrascht. Hier würde ich mich wohlfühlen!

In Anbetracht der fortgeschrittenen Uhrzeit verabschiedete Dagmar sich recht schnell und ich fiel bald darauf in einen traumlosen, tiefen Schlaf.

Wir hatten ausgemacht, dass ich jeden Morgen drei Stunden Hula-Unterricht bekomme, und dass ich den Nachmittag nutzen solle, um das am Morgen Gelernte zu vertiefen, sofern nichts Anderes auf dem Plan stand.

So ging es am nächsten Morgen um neun Uhr direkt los. Dagmar überhäufte mich mit einer Vielzahl von Unterlagen und ganz speziell mit einer langen Liste von hawaiianischen Vokabeln, die ich bis zum nächsten Tag lernen sollte.

Das hawaiianische Alphabet besteht aus nur 12 Buchstaben. Aus den Vokalen a, e, i, o, u und aus den Konsonanten h, k, l, m, n, p und w.

Daher sehen die Wörter auf den ersten Blick für unsereins alle ziemlich gleich aus.

Ich erinnere an dieser Stelle nochmals an den netten hawaiianischen Fisch namens: "humuhumunukunukuapuaa". Wenn man es geschafft hat, diesen Zungenbrecher fließend und ohne Verhaspelung auszusprechen, dann wird man schon als halber Hawaiianer akzeptiert.

"Ich werde die meisten Anweisungen in hawaiianisch geben, so wie es hier üblich ist", erklärte mir Dagmar.

"Daher ist es wichtig, dass Du die entsprechenden Worte lernst. 'imua' bedeutet zum Beispiel 'nach vorne' und 'ihope' nach hinten. 'iluna' ist oben, 'ilalo' ist unten, 'akau' ist rechts, 'hema' ist links, 'e hele mai' heißt: 'Komm her!' und 'pau' sage ich, wenn die Stunde zu Ende ist. 'Lima' sind die Hände, 'wawae' die Füße. Ich bin Dein 'kumu' und Du bist der 'haumana'. Kannst Du Dir das merken?"

Ich stöhnte unmerklich. Das sah ja nach harter Arbeit aus!

Die neuen Schritte sowie die Anweisungen in der noch ungewohnten hawaiianischen Sprache erforderten meine ganze Konzentration.

Ich war auf Hawaii, und so konnte ich es mir natürlich trotz der vielen Hausaufgaben, die ich hatte, nicht verkneifen, am Nachmittag erst einmal an den Strand zu gehen.

Das Ferienhaus in Kailua, in dem ich wohnte, liegt nur wenige Gehminuten von einem der schönsten Sandstrände Hawaiis entfernt. Der Weg dorthin führt durch ruhige Wohngebiete vorbei an zahlreichen Bäumen mit den wunderbar duftenden Plumeria-Blüten. Und so wanderte ich los. Immer mit mindestens einer Plumeria-Blüte im Haar und einer unter der Nase.

Am Strand angekommen atmete ich tief durch. Der Blick über den nicht enden wollenden Sandstrand hinaus auf das Meer war wirklich überwältigend. Ich bin auf Hawaii! Ich bin auf Hawaii!

Mit einem breiten, glückseligen Lächeln schmiss ich mich in die Fluten. Hier ließ es sich wahrhaftig aushalten!

Merrie Monarch

Für diesen und die kommenden Abende hatte Dagmar noch eine Überraschung angekündigt.

Dagmar liebt Überraschungen!

Gegen acht Uhr abends erschien sie mit Broten, Aufschnitt, Chips und Wein und bereitete alles für einen Imbiss vor. Dann schaltete sie den Fernseher ein. Was wird das wohl für eine Überraschung sein, dachte ich skeptisch, aber ich wurde nicht enttäuscht.

An diesem und an den folgenden Abenden wurde das Merrie Monarch Festival live aus Hilo / Big Island / Hawaii übertragen. Das Merrie Monarch ist das bedeutendste Hula-Festival schlechthin auf den Inseln. "Merrie Monarch" bedeutet: "der fröhliche König". Gemeint ist König David Kalaukea, der von 1874 bis 1891 König von Hawaii war. König Kalaukea kam zu seinem Spitznamen, weil er gerne Feste feierte.

Dieser Herrscher hat sich besonders um den Hula verdient gemacht. Nachdem nämlich um 1820 die ersten Missionare nach Hawaii kamen und den Hula in seiner Bedeutung als sexuell zu freizügig missverstanden und verbaten, ließ der fröhliche König etwa 75 Jahre später auf der ganzen Insel nach Hula-Lehrern, den "kumu hula" suchen und holte diese, die zuvor nur im Verborgenen wirken durften, an seinen Hof.

Dies hat die bis dato verbotenen Hula-Tänze wieder in die Öffentlichkeit zurückgebracht und wahrscheinlich sehr viel altes Wissen gerettet.

Erfinder des "Merrie Monarch Festivals" ist der Hula-Meister George Na'ope. Er gründete es 1961 in Hilo, der Stadt in der er lebte.

Auch wenn zunächst nicht als Solches vorgesehen, ist das "Merrie Monarch Festival" heute ein Wettbewerb zwischen den verschiedenen Hula-Schulen. Es gibt die Disziplinen hula-kahiko und hula-auana mit Gruppen- und Einzelauftritten.

Natürlich ist dann alles anwesend, was in der Hula-Szene Rang und Namen hat. So konnte Dagmar mir am Fernsehen direkt alle namhaften Hula-Größen vorstellen und mir ihre Geschichten erzählen.

Ich glaube, es waren vier Abende, die wir so vor dem Fernseher verbrachten.

In den kommenden zwei Tagen reifte in mir der Entschluss, mich auf den Hula-auana, den modernen Hula zu spezialisieren.

Der Hula-auana ist von den Bewegungen her weich und fließend. Themen sind vorwiegend die Natur, die Menschen auf Hawaii und natürlich die Liebe.

Begleitet werden diese Lieder unter anderem oft mit der Ukulele.

Es gefällt mir, dass man besonders beim Hula-auana auch selber kreativ sein kann, z. B. durch die Zusammenstellung von eigenen Choreographien.

Der Hula-kahiko, der alte, traditionelle Hula, ist von den Bewegungen her eher hart und zackig. Die Chants zum Hula-Kahiko werden durch Ipu-beats begleitet. Ipus sind ausgehöhlte Kürbisse, die als Rhythmusinstrumente eingesetzt werden. Der Tänzer hat neben dem Tanzen die Aufgabe, auch in hawaiianischer Sprache zu chanten. Die Lieder wurden meist zu Ehren von Gottheiten oder Herrschern, den Alii, gesungen. Aber auch alltägliche Themen wurden in Tänze und Chants umgesetzt.

Durch das Hula-Verbot der Missionare im 19. Jahrhundert ist vermutlich viel von den alten Tänzen verloren gegangen. Daher ist es wichtig, die noch erhaltenen Tänze hundertprozentig genau weiterzugeben, da es darum geht, das Kulturgut der Hawaiianer unbedingt zu erhalten.

Hula-Klasse

Einmal in der Woche, immer dienstags, unterrichtet Dagmar ihre Hula-Klasse, bestehend aus einer Reihe von Frauen aus der näheren Umgebung. Ich durfte an dem Unterricht teilnehmen und so erlebte ich auch in der Gruppe einige authentische Hula-Stunden.

Der Unterricht begann mit hawaiianischen Gebeten. Wir saßen dabei im Kreis und hielten uns an den Händen. Zum Schluss musste jeder der Reihe nach einen positiven Gedanken denken, bzw. einen positiven Wunsch versenden. Als Zeichen dafür, dass man damit fertig war, drückte man die Hand der Nachbarin. Dagmar hatte damit angefangen und als der Händedruck wieder bei Ihr angelangt war, nachdem er unseren Kreis durchlaufen hatte, kamen wir zum nächsten Punkt, dem Chanten.

Chanten könnte man vielleicht mit Singen übersetzen, doch in Wirklichkeit ist Chanten viel mehr als das. Es bedarf einer jahrelangen Übung um das Chanten wirklich perfekt zu beherrschen. Dagmar "chantet" phänomenal und hat damit sogar schon Wettbewerbe gewonnen. Wir taten unser Bestes und sangen, was das Zeug hält und ich muss sagen, es machte mir viel Spaß.

Auf hawaiianisch heißen die chants "oli".

Als nächster und wichtigster Punkt wurden der Hula-kahiko und der Hula-auana trainiert.

Beendet wurde die Stunde stets mit einem Gebet (pule) oder einem Gebets-chant.

Zu dem Hula-Unterricht gehört es auch, zu lernen, wie man Blumen-Leis selber herstellt.

Vor Auftritten geht oder fährt die Hula-Klasse oft geschlossen in die Wälder, um dort Farne, Gräser und Blumen für die Lei-Herstellung zu sammeln. Danach sitzen alle zusammen und flechten ihren Blumenschmuck.

In vielen Hula-Schulen wird auch Wert darauf gelegt, dass die Schüler Ukulele spielen und den Ipu schlagen können. Oft müssen die Kleider und Kostüme selbst genäht - und sogar Ipus und kleine Trommeln selbst hergestellt werden.

Es gibt eine spezielle Hula-Etikette, die von allen Schülerinnen beachtet werden muss.

So gilt es zum Beispiel, sich gegenseitig zu respektieren und fair und freundschaftlich miteinander umzugehen.

Hula ist mehr als ein Tanz. Hula ist eine Lebenseinstellung. Hula ist eng verbunden mit dem Aloha-Spirit;

Hula ist der Atem des Lebens.

In den nächsten Tagen wurde mir bewusst, dass sich seit dem 11. September doch Einiges auf Hawaii verändert hat. Die vorwiegend amerikanischen Touristen blieben aus, was für einen Staat wie Hawaii, der sehr stark auf den Tourismus ausgelegt ist, natürlich schwerwiegende Konsequenzen hat. Die Arbeitslosenquote war seit meinem letzten Hawaii-Aufenthalt stark angestiegen und es gab eine Menge Probleme auf den Inseln. Alle mussten "den Gürtel enger schnallen", aber das Schöne war, dass man auch enger zusammenrückte. Die Hilfsbereitschaft untereinander ist sehr groß.

Wieder in Honolulu

Die Tage gingen so dahin und ich trainierte hart den Hula-auana, büffelte Vokabeln und chantete auf meinem täglichen Spaziergang zum Meer aus voller Brust.

In den Zeiten, die ich alleine verbrachte, und dies waren die meisten Nachmittage und Abende, vermisste ich meinen frischangetrauten Ehemann doch schon sehr. Und so gab es für mich trotz der großen Freude und Dankbarkeit, auf Hawaii zu sein und Hula lernen zu dürfen auch immer wieder schwermütige Momente.

Immer öfter dachte ich auch an die glückliche Woche in Honolulu, die ich mit Wolfgang verbracht hatte und ich verspürte das Bedürfnis, noch einmal an alle die Orte zurückzukehren, an denen wir so glücklich waren.

Eines Morgens nahm mich Dagmars erwachsener Sohn, der übrigens auch ein hervorragender Hula-Tänzer ist, mit ins 45 Autominuten entfernte Honolulu. Es war erst acht Uhr, als ich an einer der zentralen Straßen ausstieg. Als Erstes ging ich zum Frühstücken in das direkt am Meer gelegene "Dukes".

Hier hatten Wolfgang und ich in unserer Hochzeitswoche meistens den Vormittag verbracht. Als ich an einen der Tische geführt wurde und das Meer sah, den Strand von Waikiki, wurde ich von

Glücksgefühlen überwältigt und mir schossen die Tränen in die Augen. Ein besorgter Keller erkundigte sich nach meinem Befinden und ich musste erst erklären, dass Wolfgang und ich hier unseren "Honeymoon" verbracht haben und dass kein Grund zu Besorgnis besteht.

Ich sog die Atmosphäre in mich auf und konnte mich gar nicht satt sehen. Schließlich bediente ich mich am reichhaltigen Frühstücksbuffet mit köstlichen Ananas und Papaya und ließ es mir gut gehen.

Dann saß ich lange einfach nur da und schaute auf das Meer.

Schließlich bekam ich Lust auf eine kleine Bootstour, die ich dann auch buchte. Anderthalb Stunden lang genoss ich Sonne und Meer.

Im Anschluss wanderte ich zu dem Hotel, in dem wir gewohnt hatten und fuhr schließlich mit dem Waikiki-Trolley zum Aloha-Tower. Es war ein sentimentaler Trip auf den Spuren der Vergangenheit, die gerade einmal wenige Monate her war.

Aloha-Festival

Rund um den Aloha-Tower, der direkt am Hafen von Honolulu liegt, befindet sich ein großes, optisch sehr schönes Shopping-Center.

Ich konnte mich nicht beherrschen und erwarb dort einige wunderschöne "Momos", das sind die Kleider, die zum Hula-auana, aber auch zu Festlichkeiten getragen werden. Auch Seidenblumen für die Haare, Blumen-Leis und sonstige Hula-Accessoires sind hier erhältlich. In einem der Hula-Läden kann man sogar direkt Hula-Unterricht nehmen. Ich beobachte eine Weile, wie eine Japanerin dort unterrichtet wurde.

Jedes Jahr, Mitte bis Ende September steht der Aloha-Tower im Zentrum des allgemeinen Interesses auf Hawaii. Denn dann findet die "Aloha Week" statt, auch als "Aloha-Festival" bezeichnet. Zunächst gab es dieses Fest nur in Waikiki, aber im Laufe der Jahre haben sich die Feierlichkeiten auf alle hawaiianischen Inseln ausgedehnt. Die Hawaiianer feiern eben gerne und nutzen jede Gelegenheit.

Das Aloha-Festival steht im Zeichen des Hula-Tanzes. Überall auf den Inseln finden nun vermehrt Hula-Vorführungen statt. In dieser Zeit kann jedermann lernen, wie man Leis herstellt. Es gibt einen Ball und eine Parade. Hierzu wird ein "Aloha Court", ein Hofstaat bestehend aus König, Königin und Prinzessin berufen. Es wird darauf geachtet, dass die Mitglieder des Hofstaates mindestens zu fünfzig Prozent hawaiianischer Abstammung sind. Monatelang wird geübt und es ist für jeden eine große Ehre, einmal dem Hofstaat anzugehören.

Alle Hula-Gruppen und Hula-Schulen haben die Möglichkeit, sich aktiv am "Aloha-Festival" zu beteiligen. Hierzu ist eine rechtzeitige Anmeldung erforderlich. Es werden den Hula-Gruppen vier Lieder (Hula auana) vorgegeben, zu denen eine Choreographie einstudiert werden muss.

Der Auftritt dieser Gruppen ist einer der Höhepunkte des Festivals.

Alle Hula-Tänzer versammeln sich rund um den Aloha-Tower. Im Radio wird live über das Festival berichtet und die Radioansagen werden über Lautsprecher auf das Gelände rund um den Aloha-Tower übertragen.

Auf ein Kommando hin fangen alle Hula-Gruppen gleichzeitig an zu tanzen, jede ihre eigene Choreographie. Man stelle sich vor: rund 2.000 Leute tanzen gleichzeitig rund um den Aloha-Tower!

Einer der vier vorgegebenen Tänze ist mit hoher Wahrscheinlichkeit immer der "Aloha Week Hula". Dagmar studierte ihn mit mir ein und ich hatte sehr viel Spaß dabei.

"Auntie" Irmgard

Fast jeden Tag erlernte ich einen neuen Tanz. Zu Jedem erzählte mir Dagmar eine Reihe von Geschichten, damit eine enge Beziehung zu dem entsprechenden Lied entstehen kann.

Einige der Geschichten berührten mich so tief in meinem Herzen, dass diese Lieder zu meinen Lieblingstänzen wurden. Jedes Mal, wenn ich sie nun tanze, ist dies mit überaus positiven Gedanken und Gefühlen verbunden. Dies gilt in besonderem Maße für das Lied "Puamana", 1937 komponiert von "Auntie" Irmgard. Natürlich war Irmgard zu dieser Zeit noch keine "Auntie" ("Tantchen"), sondern eine junge Frau.

Als das Lied entstand, war es in der "besseren Gesellschaft" Hawaiis verpönt, hawaiianisch zu sprechen. Wer etwas auf sich hielt, redete in Englisch. So ist es wenig verwunderlich, dass Irmgard zu dieser Zeit die hawaiianische Sprache nicht beherrschte. Sie bat daher ihren Vater, einen von ihr in Englisch geschriebenen Liedtext in das Hawaiianische zu übersetzen.

Erst viele Jahre später besann man sich auf Hawaii auf die eigene Sprache und Kultur zurück. Auch Irmgard beherrschte schließlich die hawaiianische Sprache perfekt.

Fast hätte ich "Auntie" Irmgard bei meinem ersten Hawaii-Aufenthalt noch kennen gelernt. Dagmar ist nämlich mit der Familie Irmgards sehr eng befreundet. Wenige Tage nach der Heirat in Honolulu, als Dagmar, Wolfgang und ich mal wieder mit dem Auto unterwegs waren, erreichte Dagmar per Handy die Nachricht, dass Irmgard schwer erkrankt sei. So fiel das geplante Kennenlernen leider aus. Wenig später verstarb die alte Dame.

Ich fand es jedoch tröstlich zu hören, dass sie bis zuletzt im Kreise ihrer Familie war. Diese rückte nämlich - mitsamt ihren Musikinstrumenten - in dem Krankenhaus an, in dem Irmgard sich befand. Ihre musikalische Großfamilie sang und spielte Irmgard mit "Puamana" und den vielen anderen Liedern, die diese so sehr liebte, in den "ewigen Schlaf".

An der Beerdigung sollen Hunderte von Menschen teilgenommen haben. Auch hier wurde musiziert und jeder, der schon mal eine Hula-Stunde hatte, tanzte zu Ehren von Irmgard ein letztes Mal zu ihrem Lieblingslied "Puamana".

Ich fand das sehr bewegend. Auf einem Stadtfest in Kailua, meinem derzeitigen Aufenthaltsort, lernte ich zu meiner großen Freude einige der Töchter von "Auntie" Irmgard persönlich kennen. Eine von Ihnen, Mihana, ist auf Hawaii sehr bekannt und zusammen spielen die Töchter auch weiterhin als Gruppe namens "Puamana" Irmgards alte Lieder.

Doch was bedeutet "Puamana"?

In früherer Zeit gaben die Hawaiianer den Häusern, in denen sie wohnten, liebevolle Namen. "Puamana" ist der Name des Elternhauses von "Auntie" Irmgard, in dem sie so glücklich war.

"Pua" bedeutet Blume und "mana" ist der Geist, die Seele.

Als "Auntie" Irmgards Töchter nun auf dem Stadtfest in Kailua auftraten, hielt Mihana eine kurze Rede, in der sie das Lebenswerk ihrer verstorbenen Mutter würdigte.

"Sie ist nun ein strahlender Engel, der auf uns herabschaut", sprach sie bewegt mit leiser Stimme - und alle Zuschauer lauschten gerührt dem dann folgenden Lied "Puamana".

Wenig später hatte ich Gelegenheit, eine Videoaufzeichnung einer Fernsehsendung anzuschauen, die anlässlich des 80. Geburtstages von Irmgard im hawaiianischen Fernsehen ausgestrahlt worden war.

Auf diese Weise durfte ich "Auntie" Irmgard dann doch noch "live" erleben, obwohl ich ihr natürlich lieber persönlich einmal die Hand geschüttelt hätte. Ihre Musik-CD hat bei mir daheim einen Ehrenplatz bekommen.

Hawaiianische Hochzeit

Dagmar führt, als Reverend, noch immer mehrmals wöchentlich Trauungen durch.

Eines Tages fragte sie mich, ob ich Lust hätte, am Nachmittag zu einer dieser Trauungen mitzukommen. Es handele sich um ein schottisches Pärchen, das auf Magic Island - das ist eine große Parkanlage in Honolulu am Meer - getraut würde. Sie hätten den selben Rolls Royce und den selben Fahrer wie Wolfgang und ich. Natürlich hatte ich Lust!

Wir fuhren also gen Honolulu und ich hatte zunächst Gelegenheit, in der schönen Parkanlage spazieren zu gehen, während Dagmar sich mit dem Fahrer des Rolls Royce traf, um das Hochzeitspaar in seinem Hotel abzuholen. Nach einer guten halben Stunde bog die "Hochzeitskutsche" dann schon um die Ecke und das aufgeregte Hochzeitspärchen stieg aus.

Der Mann trug witzigerweise einen Schottenrock, während die Braut ein wunderschönes weißes Hochzeitskleid anhatte. Ich schätzte beide auf Mitte zwanzig.

Andächtig schritten sie zu einer besonders schönen, schattigen Stelle unter einem mächtigen Baum, gefolgt von Dagmar und den fleißigen Mitarbeitern der Hochzeitsagentur, die alles taten, um den Tag für das Pärchen zu einem ganz besonderen Ereignis werden zu lassen. Auch eine Fotografin und der Videograph, den ich schon von unserer Hochzeit her kannte, erschienen wenig später. Aus einiger Entfernung beobachtete ich das Treiben und schwelgte in Erinnerungen an meine eigene Hochzeitszeremonie.

Keali´i Reichel in Concert

Einer der Höhepunkte meiner Zeit bei Dagmar war der gemeinsame Besuch eines Konzertes von Keali´i Reichel in der Honolulu Symphony.

Keali´i Reichel war mir ein Begriff seit meinen ersten Tagen auf Hawaii, denn an seiner Musik kommt man dort nicht vorbei.

Auch das schon erwähnte "wanting memories", das wir in unserer Delfin-Woche aus voller Kehle schmetterten, stammt aus Keali´is Feder.

Keali´i ist auf Hawaii ein Superstar. Er hat dort die meisten CD´s verkauft und sogar schon einmal die Popsängerin Madonna vom ersten Platz der Verkaufscharts verdrängt.

Dagmar kennt Keali´i persönlich noch aus Zeiten, als er völlig unbekannt war und freute sich natürlich, ihn endlich einmal wiederzusehen. Keali´i ist halb Hawaiianer und in einer traditionellen Familie auf Maui aufgewachsen, hat aber einen Vater aus Hamburg, dem er den Nachnamen Reichel zu verdanken hat. Ausnahmslos alle bisher von Keali´i Reichel erschienenen Musik-CD´s kann ich nur allerwärmstens empfehlen. Da ist die Kuschelrock-Serie "kalter Kaffee" gegen!

Dagmar und ich zogen unsere schönsten Kleider an, denn in der Honolulu Symphonie geht es recht festlich zu. Sie wirkt wie ein historisches Theater mit gemütlichen, dunkelroten Plüschsesseln. Das riesige Honolulu Symphonie Orchester begleitete Keali´i und seine Band.

Der Auftritt ließ keine Wünsche offen. Auf der Bühne standen gigantische Blumenarrangements, Keali´i chantete alle seine berühmten Lieder (man kann genau erkennen, wie dabei sein Kehlkopf vibriert) und das ganze wurde wunderschön untermauert von einer Gruppe äußerst talentierter, junger Hula-Tänzerinnen.

Wir saßen zentral vorne in der zweiten Reihe und waren somit mitten im Geschehen. Gegen Ende der Show setzte sich Keali´i vorne auf die Bühne, grüßte Dagmar persönlich und gab auch mir die Hand.

Als erklärter Keali´i-Fan war das für mich schon ein ganz besonderer Moment. Keali´i bekam immer wieder frenetischen Applaus und musste eine Zugabe nach der anderen geben.

Zurück in Dagmars Ferienhaus bat ich sie, mir immer und immer wieder die Geschichten zu erzählen, die sie von Keali´i kennt.

Familien-Luau

Gegen Ende meines Hawaii-Aufenthaltes kündigte Dagmar erneut eine Überraschung an.

Ich bekam die Gelegenheit, an einem waschechten hawaiianischen Fest teilzunehmen, einem Luau. Anlass war der 1. Geburtstag eines Kindes, der hier ausgiebig gefeiert wurde. Dies ist Tradition auf den Inseln. Natürlich finden die fröhlichen Hawaiianer noch viele andere gute Gründe zum Feiern. Zwei Touristen-Luaus hatte ich ja schon miterlebt, aber sie waren nicht mit dem zu vergleichen, was hier geboten wurde.

Das Fest fand in einem Garten statt. In den Bäumen hingen Lampions und überall waren Gas-Fackeln aufgestellt. An einer Seite des Gartens gab es ein überdimensionales Büffet, das von der Vorspeise bis zum Nachtisch keine Wünsche offen ließ.

Die eigentliche Attraktion bestand jedoch aus den Gästen des Luaus. Die ganze Familie des kleinen Geburtstagskindes, die normalerweise über alle Inseln verstreut lebt, war angereist, um bei diesem Ereignis dabei zu sein - und hawaiianische Familien sind riesengroß.

Hier ist es eine Selbstverständlichkeit, dass jeder der Gäste etwas zum Gelingen des Festes beiträgt. Diejenigen, die Ukulele oder andere Instrumente spielen konnten, taten das, und so formierte sich ganz zwanglos eine familieneigene Band. Die anderen gaben der Reihe nach und mit sichtlichem Vergnügen Hula-Tänze zum Besten.

Die Ohana, die Familie, wird auf den Inseln noch geehrt und stellt für die Hawaiianer etwas ganz Besonders dar.

Im Laufe des Abends lernte ich alleine durch Mitmachen einen weiteren Hula-auana, namens "E huli makou". Wir tanzten ihn in einer großen Gruppe aus Männern und Frauen und konnten gar nicht genug davon bekommen. Das war Lebensfreude pur!

Übrigens erfuhren wir später, dass die Familienmitglieder, die zum Aufräumen abkommandiert waren, die Gelegenheit nutzten, um auf die Schnelle noch ein "Aufräum-Luau" zu feiern und dann gab es zum Schluss ein weiteres Luau nach dem "Aufräum-Luau".

So sind die Hawaiianer!

"Auntie" Genoa Keawe

Ein großer Wunsch von mir war, noch einmal bei einem der Auftritte von "Auntie" Genoa Keawe und Band in Waikiki dabeizusein. Einen Tag nach unserer Hochzeit hatte Dagmar Wolfgang und mich zu dieser Veranstaltung mitgenommen, auf der wir "German Disco-Fox" tanzten.

Mein Traum war, einmal in dieser fantastischen Kulisse, unter Palmen, bei einem der gigantischen Sonnenuntergänge zu der Originalmusik von Genoa Keawe einen klitzekleinen Hula zu tanzen.

Das wagte ich jedoch nicht auszusprechen, da mir dieser Wunsch sehr vermessen vorkam.

Schließlich schaffte Dagmar es, sich einen freien Abend zu organisieren und wir fuhren gemeinsam nach Honolulu/Waikiki. Ich war sehr aufgeregt und voller Vorfreude, die von mir so verehrte "Auntie" Genoa wiederzusehen und sie singen und Ukulele spielen zu hören.

Wir waren etwas spät dran und ergatterten nur noch Plätze relativ weit von der Bühne entfernt an einer Bar.

Da kam die "Auntie" schon. Sie ging etwas wackelig an einem Stock, aber als sie dann auf ihrem Stuhl auf der Bühne saß, Ukulele spielte und sang, hatte sie die Vitalität eines jungen Mädchens.

Es war faszinierend, die Verwandlung mit anzusehen.

In einer der Musikpausen nahm ich all meinen Mut zusammen, ging zu ihr hin und fragte sie, ob sie sich an mich erinnern könnte.

Zuerst sah sie mich nur fragend an und sagte:

"So viel ist passiert..." Als ich dann aber den "German Disco-Fox" erwähnte, strahlte sie über das ganze Gesicht und erinnerte sich. Ich erzählte, dass ich alleine zurückgekommen bin, um Hula zu lernen, um diesen dann in Deutschland zu unterrichten.

Das gefiel der "Auntie", nur meinte sie, dass ich dann unbedingt auch noch Ukulele spielen lernen müsse. Bevor sie wieder auf die Bühne ging fragte sie:

"Hast Du Lust, mit Dagmar einen Hula für uns zu tanzen?"

Ich konnte noch kurz nicken, bevor mir fast der Atem stockte. Dagmar war bei diesem Gespräch nicht dabei und ich rannte, völlig aufgelöst, schnell zu ihr, um zu berichten.

Es dauerte gar nicht lange, bis "Auntie" Genoa uns ein Zeichen gab, wir sollen nach vorne auf die Bühne kommen.

"Auntie" Genoa stellte uns dem Publikum vor und erzählte der ganzen "Audience", dass ich vom fernen Deutschland extra hergekommen bin, um Hula zu lernen und um diesen dann Zuhause zu unterrichten.

Das war den anwesenden Gästen einen Applaus wert. Wir sprachen uns kurz ab und tanzten dann zuerst zu dem lustigen Lied "Papa Sia" und schließlich, weil doch tatsächlich eine Zugabe verlangt wurde, zu dem wunderschönen und bekannten Lied "Puamana". Einmal hatte ich ein klitzekleines "black-out" und musste zu Dagmar rüberschielen, aber im Großen und Ganzen war ich mit meinem ersten öffentlichen Hula-Auftritt sehr zufrieden.

Wir verabschiedeten uns schließlich von allen Bandmitgliedern mit einem Kuss auf die Backe, wie dies üblich ist. Dann schwebte ich, gefolgt von Dagmar, zu unserem Platz an der Bar zurück.

Dies war für mich ein Meilenstein. Ich bin überglücklich und dankbar, dass ich meinen ersten Auftritt bei "Auntie" Genoa hatte und dass dieser große Wunsch in Erfüllung gegangen ist.

Ich hoffe, dass die "Auntie" wohlauf ist und trotz ihres hohen Alters noch viele Menschen mit ihrer Musik und ihrem Vorbild an Lebensfreude und Vitalität glücklich machen kann. Immer, wenn ich eine ihrer zahlreichen CD´s und ihre typische "Hawaiian-Falsett"-Stimme höre, denke ich an dieses großartige Erlebnis zurück.

An diesem Abend kamen noch zahlreiche Zuschauer zu mir, um mir für mein Vorhaben viel Erfolg zu wünschen. Ich schwebte auf "Wolke Sieben".

Am nächsten Morgen jedoch holte mich Dagmar mit einem besonders harten Basis-Training von meiner Wolke wieder herunter. Es gab noch viel zu lernen und zu verbessern.

So trainierte ich an den letzten Tagen noch einmal besonders intensiv. Noch konnte ich auf Dagmar zurückgreifen. Bald würde ich Zuhause auf mich alleine gestellt sein und wieder anhand der Videoaufnahmen lernen müssen, die ich in großer Zahl von diesem Aufenthalt mitbringen würde.

Die Sonne begrüßen

Für meinen letzten Tag kündigte Dagmar wieder eine ihrer Überraschungen an. Ich solle mich bereithalten, um 5.30 Uhr morgens aufzustehen. Alles Weitere würde ich dann erfahren. Zugegebenermaßen sah ich dieser Überraschung mit gemischten Gefühlen entgegen. Hoffentlich würde sich das frühe Aufstehen lohnen!

Wie schon angekündigt, riss mich Dagmar Punkt 5.30 Uhr per Telefon aus meinem Schlaf. Ich solle einen Bikini oder Badeanzug anziehen, darüber ein T-Shirt und einen Pareio, waren ihre Instruktionen. Sie sei in 10 Minuten bei mir. Also tat ich schlaftrunken, wie mir geheißen.

Im Auto fuhren wir an eine besonders einsame Stelle am Strand. Dagmar erklärte unterwegs, dass wir heute morgen die Sonne begrüßen würden. Es handele sich um ein besonderes Reinigungsritual, das auch von den Hula-Klassen, besonders vor Wettbewerben, durchgeführt würde.

"Wenn wir das Auto verlassen, wird nicht mehr gesprochen. Wir gehen barfuss bis an das Meer. Dann warten wir am Strand, bis die Sonne aufgeht und halten uns dabei an der Hand. Dann gehen wir, wenn ich ein Zeichen gebe, langsam ins Wasser, komplett bekleidet wohlgemerkt, und tauchen dann auf mein Zeichen drei mal langsam unter!", erklärte mir Dagmar.

Wir zogen also die Schuhe aus und gingen los. Einige spitze Steine zwickten bösartig unter den Fußsohlen und ich sinnierte darüber, wie abhängig wir von Schuhen sind und beschloss, zukünftig wieder mehr barfuss zu gehen, um die Verbindung zur Erde besser zu spüren.

Schließlich begann Dagmar wunderschön zu chanten. Sie grüßte die Sonne und bat sie, hervorzukommen. Wir schritten zu Dagmars Gesängen langsam und feierlich Richtung Meer und blieben schließlich direkt vor dem Wasser stehen. Dagmar chantete noch eine ganze Weile weiter, dann tauchten wir in eine absolute Stille ein, während wir erwartungsvoll gen Osten blickten. Wann würde die Sonne sich zeigen?

Es war wieder einer dieser ganz besonderen Momente, dort am Strand. Ich dachte an die "alten" Hawaiianer, die früher wohl jeden Tag auf diese Weise begonnen haben. Wie glücklich müssen sie gewesen sein! Meine Meditation wurde kurz unterbrochen durch das plötzliche Auftauchen einiger, etwa 15 Zentimeter großer, Krebse mit beachtlichen Scheren, die sich verdächtig nah an unsere nackten Füße heranwagten.

Hier sollte ich in das Wasser gehen?! Das könnte ja lustig werden! Dann aber beschloss ich, die Krebse einfach zu ignorieren und mich wieder dieser einmaligen Stille hinzugeben. Wir standen noch viele Minuten einfach so da, bis schließlich die Sonne aus dem Meer heraus, in zartes Orange gehüllt, immer höher den Himmel hinaufkletterte.

Dagmar begann wieder zu chanten und dann gingen wir langsam in das doch recht kühle Wasser hinein. Immer tiefer und tiefer, bis wir kaum noch stehen konnten. Das Meer war absolut ruhig, als wolle es stillhalten, bis wir unsere Zeremonie beendet haben.

Nun tauchten wir auf ein Zeichen von Dagmar dreimal mit dem Kopf unter Wasser. Pudelnass schritten wir dann wieder langsam und andächtig aus dem Meer heraus. Die Kleidung klebte ungemütlich am ganzen Körper aber ich schenkte dieser Tatsache kaum Beachtung. Noch ein letzter Chant und dann war unser Reinigungsritual beendet.

Auch die Krebse hatten das Ihrige dazu beigetragen, dass ich diese Stimmung unbeschwert genießen konnte. Sie haben nicht gekniffen.

Die Sonne lachte uns von oben zu und wir grüßten noch einmal zurück, bevor wir uns abtrockneten und unsere Heimfahrt antraten.

Abschied von der Insel

Mir blieb nur noch wenig Zeit auf Hawaii und so bat ich Dagmar, mit mir noch einmal die Musikläden nach den Liedern zu durchforsten, die ich während meines mehrwöchigen Hawaii-Aufenthaltes gelernt hatte. Dies war kein leichtes Unterfangen.

Wir durchstöberten eine Vielzahl von "music-stores" bevor ich alles zusammen hatte. Auch war ich seit längerem auf der Suche nach einem besonders schönen Ipu. Heute, an meinem letzten Tag, wurde ich mit Dagmars Hilfe endlich fündig. Stolz schloss ich das Ipu in meine Arme, wie einen wertvollen Schatz.

Nachmittags hatte ich Zeit, in aller Ruhe meine Sachen zu packen und alle erworbenen hawaiianischen Kostbarkeiten für die lange Heimreise angemessen zu verstauen.

Ich freute mich wahnsinnig, dass ich bald endlich wieder mit Wolfgang zusammen sein würde, aber eine bisschen Wehmut war auch vorhanden bei dem Gedanken, Dagmar und mein geliebtes Hawaii nun verlassen zu müssen.

Wie schon bei meiner Ankunft, war es wieder spät Abends, als ich den Flughafen betrat.

Ich setzte mich auf eine der Steinbänke, die sich an den Außenterrassen des Flughafengebäudes befinden, schaute hinauf zu dem sternenklaren Himmel und wartete darauf, dass mein Heimflug aufgerufen wurde. Die Luft war angenehm warm und klar. Ich atmete tief durch.

Die Eindrücke der letzten vier Wochen würde ich erst langsam verarbeiten können.

Ich war stolz, in den vergangen Wochen meine Hula-Kenntnisse deutlich verbessert zu haben und schickte Gedanken des Dankes an meine geduldige und engagierte Lehrerin.

So viel würde es zurück in Deutschland für mich zu tun geben.

Meine Freundin Petra, die eine hervorragende Fitness-Trainerin ist, hatte sich angeboten, mich zu coachen, was Unterrichtspädagogik und das Leiten einer Gruppe anbelangt. In ihrem Fitness-Studio würde ich schon bald meine ersten eigenen Hula-Stunden geben.

Die Hula-Schritte und Techniken zu vermitteln, würde mir leicht fallen.

Aber würde es mir auch gelingen, meine Liebe zu Hawaii und zum Hula an andere weiterzugeben?

Würde ich es schaffen, meine Schüler, fernab von Hawaii, das fühlen zu lassen, was der "Spirit of Aloha" ist?

...Und dann hob das Flugzeug endlich ab und trug mich weit hinauf in den Himmel und zu den

Sternen. Plötzlich, als ich so aus dem Fenster schaute, vernahm ich eine leise Stimme, die mir zuflüsterte:

"Alles entwickelt sich so, wie es am besten für Dich ist. Du bist immer sicher und geborgen."

Danke für alles!
Mahalo!

Zur Autorin

Gabriele "Kalehua" Streuer wurde 1964 in Köln geboren. Der zweite, hawaiianische Vorname "Kalehua" wurde ihr von einer Hula-Lehrerin auf Hawaii verliehen und bedeutet: "die Lehua-Blüte".

Nach Abitur, Banklehre, Fortbildung zur Betriebswirtin und Leitung einer Bankfiliale machte sie sich 1995 in der Finanzdienstleistungsbranche erfolgreich selbständig.

Inzwischen hat sie jedoch ihre eigentliche Berufung zum Beruf gemacht: sie arbeitet als diplomierte Lebensberaterin und Lehrerin für den hawaiianischen Hula-Tanz.

So hat sie eine eigene Form des Hulatanzes in Verbindung mit Elementen des Aerobic-Trainings entwickelt und diese neue Trendsportart als **Hulaerobics®** beim Deutschen Patentamt schützen lassen.

Weiterhin hat Gabriele Kalehua Streuer **das erste Hula-Lern-Video in deutscher Sprache** produziert, welches ab Anfang 2003 über den gut sortierten Handel, im Internet oder direkt bei Gabriele Kalehua bestellt werden kann.

Weitere deutschsprachige Hula-Lern-Videos mit wunderschönen und leicht zu erlernenden Hula-Auana-Tänzen von und mit Gabriele Kalehua sind bereits in der Planung und werden kurzfristig folgen.

Infos zum Hula und zu Hawaii finden Sie im Internet auf Gabrieles Homepage **www.hawaiian-hula.com**.
Dieser können Sie auch die aktuellen Termine zu den Hula-Workshops entnehmen, falls Sie Gabriele Kalehua einmal kennenlernen - und bei ihr den wunderschönen Hula-Tanz erlernen - möchten.

Interessieren Sie sich für eine persönliche Lebensberatung, so finden Sie weitergehende Informationen unter **www.gabriele-streuer.de**.

Kontaktadresse

Bestellungen und Infoanforderungen unter:

Gabriele Streuer Verlag
Carl-Diem-Str. 24
D-50129 Bergheim

digitale Fon+Fax-Mailbox: 0721-151478007

info@hawaiian-hula.com
info@gabriele-streuer.de

Empfehlenswerte Literatur

...rund um Hawaii:

Hawaii
Roman
James A. Michener
Goldmann Verlag
ISBN 3-442-06821-5

Das Handbuch der Kahuna-Medizin
Heilkunde und Naturheilmittel aus Hawaii
Suzan H. Wiegel
Ariston Verlag
ISBN 3-7205-1903-1

Huna Meditation
Prof. Kurt Tepperwein
Akademie FKP
ISBN 3-90526902-2

Maui fängt die Sonne
Mythen aus Hawaii
Manfred Chobot
Franz Deuticke Verlagsgesellschaft
ISBN 3-216-30574-0

Die Stimmen der Weisen
Mythos, Kunst und Kulte auf Hawaii
M. J. Harden
Sierra-Verlag
ISBN 3-89405-147-7

Hawaii
Marco-Polo-Reiseführer
Karl Teuschl
Mairs Geographischer Verlag
ISBN 3-89525-816-4

Hawaii
Dumont Reise-Taschenbuch
Katja Müller
DuMont Buchverlag
ISBN 3-7701-4811-8

Lebenshilfe:

Bestellungen beim Universum
Ein Handbuch zur Wunscherfüllung
Bärbel Mohr
Omega-Verlag
ISBN 3-930243-13-X

Intuitive Liebe und Partnerschaft
Felix Aeschbacher
Kompetenz Verlag
ISBN 3-931142-03-5

So bekommst du, was du willst, und willst was du hast
Der praktische Wegweiser zum persönlichen Erfolg
John Gray
Goldmann Verlag
ISBN 3-442-30879-8

Entwickle Deine Intuition
Praktische Hilfen für das tägliche Leben
Shakti Gawain
Verlagsgruppe Ullstein Heyne List
ISBN 3-7787-9084-6

Beruf zur Berufung
Kurt Tepperwein
IAW
ISBN 3-905114-67-4

Hawaiianisches Wörterbuch

Aa	langsam fließende hawaiianische Lava
Ae	ja
Akua	Gott
A'ole	nein
Aina	Land
Ala	Straße, Weg
Alii	Herrscher, König
Aloha	Hallo (Begrüßung), Verabschiedung, Liebe
Aloha Ahiahi	guten Abend
Aloha au ia'oe	Ich liebe Dich
Aloha auinala	guten Tag
Aloha kakahiaka	guten Morgen
Aloha no	Herzliche Grüße, Lebe wohl!
Aole	Nein
E hele mai!	Komm her!
Ha	Atem, Lebensenergie
Halau	Hula-Schule
Hale	Haus
Hana	Arbeit, Aktivität, Bucht
Haole	Fremder, Weißer
Hau'oli	glücklich
Heiau	heilige Stätte, Kraftplatz des Kuhuna
Hawaii	"kleiner Platz zur Bewahrung des Wissens um den Atem des Lebens"
Hoaaloha	Freund
Hoku	Stern
Hou	neu, wieder, frisch

Hui	Gruppe, teilnehmen
Hula	Tanz der Hawaiianer, "überfließende Sonnenenergie"
Hula hula	heiliges Gebet
A hui hou kakou	bis bald, bis zum nächsten Mal
Huna	vom Ethnologen Max Freedom Long geprägter Begriff für die ursprünglichen Einwohner Hawaiis
I'a	Fisch
Ihope	nach hinten
Ilalo	nach unten
Iluna	nach oben
Imua	nach vorne
Inoa	Name
Ka/Ke	Artikel (der, die, das)
Kahiko	Alt
Kahuna	Meister der alten Geheimnisse
Kanaka	Menschen
Kane	Mann
Kai	Meerwasser
Kapu	Tabu, Verbot
Kaukau	Essen
Keiki	Kind
Kino	Körper
Kokua	Hilfe
Kona	windabgewandte Seite einer Insel
Kuahiwi	Berg
Kukui	Kerzennussbaum, Licht
Kupuna	Respekt für die Älteren, Großeltern
La	Sonne, Tag
Lanai	Veranda
Lani	Himmel
Lei	Kette aus Blüten, Muscheln o.ä
Li'ili'i	klein

Lima	Hand/Hände
Loa	viel, sehr
Lokahi	in Harmonie und Einheit handeln
Luau	Fest, hawaiianisches Festessen
Mahalo	Danke (Möge die Lebensenergie mit Dir sein)
Maka	Auge
Makai	in Richtung Meer
Malama	Licht und Wahrheit, für etwas sorgen
Malama pono!	Pass auf Dich auf!
Mana	göttliche Macht
Mano	Hai
Manu	Endstück eines Kanus
Mauka	Landeinwärts, in Richtung Gebirge
Mele	(lyrischer) Gesang
Moana	Meer, Ozean
Nani	hübsch
Nene	hawaiianische Gans (Staatswappen)
Nui	groß, wichtig
Oe	Du
Ono	lecker
Pali	Klippe
Pau	fertig
Piko	Nabel
Pili	Gras
Pono	Harmonie, Güte, ausgeglichen
Poi	Brei aus zerriebenen Taro-Knollen
Po'o	Kopf
Pua	Blume

Pule	Gebet, Woche
Pupuka	hässlich
Pu'uwai	Herz
Ua	Regen
Ukulele	kleine Gitarre mit 4 Seiten, (wörtlich : « springender Floh »)
Wahine	Frau
Wai	Wasser
Waiwai	Wohlstand, in der Fülle Leben
Wawae	Füße
Wiki	schnell, eilig

Karte von Hawaii

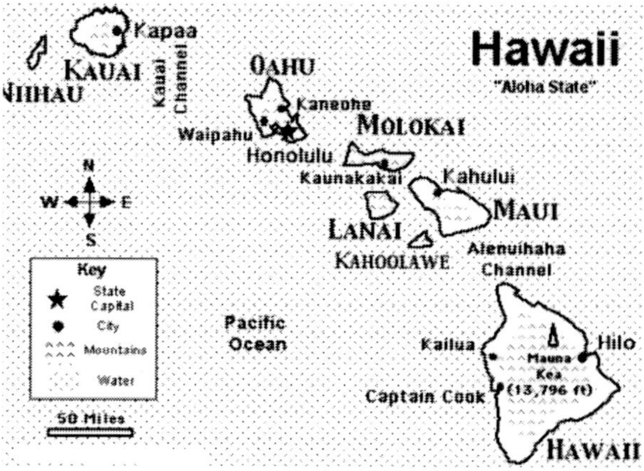